原来 宋朝人 这样 生活

李梦媛 著

漓江出版社
·桂林·

图书在版编目（CIP）数据

原来宋朝人这样生活 / 李梦媛著 . —— 桂林：
漓江出版社 , 2022.8
ISBN 978-7-5407-9251-0

Ⅰ . ①原… Ⅱ . ①李… Ⅲ . ①中国历史－宋代－通俗
读物 Ⅳ . ① K244.09

中国版本图书馆 CIP 数据核字 (2022) 第 081282 号

原来宋朝人这样生活
YUANLAI SONGCHAOREN ZHEYANG SHENGHUO

作　　者	李梦媛
出 版 人	刘迪才
出版统筹	文龙玉
策划组稿	俞方远
特约策划	三得文化
责任编辑	宗珊珊
助理编辑	唐子涵
营销编辑	李　蕊
装帧设计	仙　境
责任监印	黄菲菲

出版发行　漓江出版社有限公司
社　　址　广西桂林市南环路 22 号
邮　　编　541002
发行电话　010-65699511　0773-2583322
传　　真　010-85891290　0773-2582200
邮购热线　0773-2582200
电子信箱　ljcbs@163.com
网　　址　www.lijiangbooks.com
微信公众号　lijiangpress

印　　制　运河（唐山）印务有限公司
开　　本　710 mm × 1000 mm　1/16
印　　张　15
字　　数　159 千字
版　　次　2022 年 8 月第 1 版
印　　次　2022 年 8 月第 1 次印刷
书　　号　ISBN 978-7-5407-9251-0
定　　价　49.80 元

◆◆ 宋·苏汉臣《秋庭戏婴图》（局部）

◆◆ 宋·王居正《纺车图》

山居何所悦 于鱼足庄年 诸画清明两神
永杨柳烟荷蕞归工驱牧正稿逸好傅
春青足闲遊负郊四 武兴陈陶纯

◆◆ 宋·杨柳《暮归图》（局部）

◆◆ 宋·刘松年《山馆读书图》

◆◆ 宋·王希孟《千里江山图》（局部）

◆◆ 宋·赵黻《江山万里图》（局部）

◆◆ 宋·李赞华《番骑图》（局部）

◆◆ 宋·李嵩《花篮图》（夏季）

◆◆ 宋·李嵩《明皇斗鸡图》

◆◆ 宋·李嵩《骷髅幻戏图》

◆◆ 宋·李唐《胡笳十八拍》（局部）

◆◆ 宋·李唐《胡笳十八拍》（局部）

◆◆ 宋神宗皇后坐像

◆◆ 曜变天目茶碗（黑釉建盏）

序 言

　　宋朝，在一定程度上是空前绝后的文化繁荣时期。这里有精通诗词歌赋的文人墨客，有笔力纵横、穷极变幻的书画家，也有不计其数追求精彩、雅致生活的普通百姓。无数平凡或者不平凡人的共同努力，使得宋朝在经济、文化、科技、农业、工商业上都达到了一种巅峰的状态。

　　人的日常生活不外乎衣食住行、吃喝玩乐、升学旅游等，宋朝人也是如此，在饮食方面，宋朝有各式各样的饮料，闻名天下的炙猪肉，甚至还有与现代社会相似的外卖与小吃街。

　　比如宋代陆游所作的《游山西村》中的"莫笑农家腊酒浑，丰年留客足鸡豚"，还有李清照在《鹧鸪天》中所写的"酒阑更喜团茶苦，梦断偏宜瑞脑香"。我们可能还会好奇，范仲淹所写的"江上往来人，但爱鲈鱼美。君看一叶舟，出没风波里"中的头大鳞细的鲈鱼究竟是怎样的美味。正因为宋朝留下的诗词颇多，我们才能从文献中窥探出当时的饮食情况。

在衣着服饰上面，宋朝不仅有琳琅满目的化妆品与头饰，也有令人诟病的、束缚妇女近千年的缠足陋习。

在居住上，宋朝精妙绝伦的宫殿与别出心裁的民居都是宋朝人智慧的结晶。而宋朝人也和现代人面对着相似的问题，比如说怎么用微薄的工资在汴梁租一间房，要通过多少年的努力才能在京都买得起属于自己的房子……不仅如此，我们还可以从名满天下的《清明上河图》里管中窥豹，简略看出宋朝城市的布局与规划。

在出行游玩方面，宋朝人也颇有心得。宋朝已经有了类似高尔夫与足球的运动，还有足迹遍布全球的宋朝航海家、旅行家们。

如果我们回到宋朝，还有一个绕不开的话题，就是情感婚恋，比如说宋朝婚礼的步骤是怎样的，宋朝人离婚是怎么回事，宋朝贵族与平民的婚嫁习俗有什么不一样的地方，宋朝人的聘礼与嫁妆的准备步骤有哪些，这些都是宋朝人日常生活中不可缺少的内容，也是我们现代人比较关注的部分。除此以外，还有像花朝节、乞巧节、寒食节、元宵节这样的宋朝传统节日，也是民俗生活的一部分。

本书将对这些民俗文化进行介绍，难免还有遗漏之处，希望得到读者指教。

李梦媛

2022 年·安徽

目　录

第一章 / 劝君速吃莫踌躇，看被南风吹作竹

第二章 / 妍暖聊随马首东，春衫犹未著方空

第三章 / 嗟我来京师，庇身无弊庐

第四章 / 胜日寻芳泗水滨，无边光景一时新

第五章 / 若得山花插满头，莫问奴归处

第六章 / 千门万户曈曈日，总把新桃换旧符

第七章 / 幼也知孝让，居然合礼仪

第一章

劝君速吃莫踌躇，

看被南风吹作竹

宋朝人的餐桌上有什么

在中国食品烹饪史上，宋朝留下了浓墨重彩的一笔，那些关于美食多如牛毛的诗句无一不向我们揭示了当时人们对吃的狂热追求。

我们如今的烹饪技术，比如腌、炖、卤、蒸、腊等，大多数都是在宋朝成熟起来的，并且宋朝的调味品与现在的也很相似，花椒、豆豉、酱、醋、糖、酒等都已出现在宋人的厨房中。

那宋朝人的餐桌上到底有什么呢？

首先，主食必不可少。宋朝人的主食可以分为饭、粥、面条、包子、饼等，与现代人并无太多不同。饭有很常见的麦饭、高粱饭，也有用石髓与米合煮的石髓饭。粥的种类也很多。

宋人喜欢喝粥，陆游在《食粥》一诗中写道："世人个个学长年，不悟长年在目前。我得宛丘平易法，只将食粥致神仙。"

宋人认为喝粥能够养胃生津，甚至还能延年益寿。他们选择煮粥的食材更是随意大胆，在一些感伤诗中常见的荼蘼花（别名佛见笑）也被拿来与米同煮，熬成一锅美味的荼蘼粥。还有梅花制成的梅粥，以杏为原材料的真君粥、七宝素粥等。

宋朝的面食也丰富多样，宋朝诗人苏轼曾在《过土山寨》一诗中写道："南风日日纵篙撑，时喜北风将我行。汤饼一杯银线乱，蒌蒿数箸玉簪横。"

宋朝的"汤饼"并不是我们认为的大饼，而是面条，也称"索饼"，即今天的线面。苏轼生动描绘了线面的形态，细面上铺上一层鲜嫩的蔬菜，让人舌底生津。

除了面条，还有面片之类，《东京梦华录》中提到的"玉棋子"就是指色白润泽如玉的面片。

在宋人的餐桌上，肉食自然也是必不可少的，其中羊肉最为贵重。"沙晴草软羔羊肥，玉肪与酒还相宜。"宋人晁公溯认为羊肉配酒食用十分惬意。羊肉肥美，也可补肾，因此深受达官贵人喜爱，甚至在举行订婚大礼时，羊也是不可或缺的礼品。

但是羊肉较为珍贵，宋人有诗云："大官羊肉非吾羡，一箸藜羹劣可尝。"意思是说，大官们吃羊肉是我们羡慕不来的，我们只能勉强吃上一碗用藜菜做的粗劣汤汁饭。因此，羊肉虽好，却不是人人可享用。宋朝皇室在开国时就定下了"饮食不贵异味，御厨止用羊肉"

的规矩，要求御厨做饭要用羊肉。

宋仁宗就酷爱羊肉。《东轩笔录》有载："昨夕因不寐而甚饥，思食烧羊。"意思是说，宋仁宗晚上睡不着，饥肠辘辘，就想吃烧羊肉。可见羊肉的确是美味。因此，羊肉越发珍贵，平民百姓一饱口福的机会也就大大减少了。

林洪在《山家清供》中提到过涮兔肉，他将兔肉切成薄片，用花椒等调料浸入味后夹到翻滚的水中涮熟，然后根据自己的口味来选择不同的酱汁蘸食。他还写诗来形容沸水中翻滚的兔肉："浪涌晴江雪，风翻晚照霞。"因此涮兔肉还有一个极为文艺的名字——拨霞供。

另外，蟹在宋朝也是佳品，其烹饪方法更是数不胜数，比如酒蟹、洗手蟹、蟹酿橙、醋赤蟹及白蟹辣羹等。

大诗人陆游十分爱食蟹，他曾经写道："蟹黄旋擘馋涎堕，酒渌初倾老眼明。"他说刚刚动手拨开肥硕的蟹时，口水忍不住流了下来，持蟹饮酒后，多年的老花眼也好了。陆老先生对食蟹可以说是无比痴迷了。

另一位吃货苏东坡也不遑多让。"堪笑吴中馋太守，一诗换得两尖团。"他曾以一首诗换得两只螃蟹，可见螃蟹在他心中地位之高。

蟹的做法中，洗手蟹颇为有名，宋高宗对它也赞不绝口。北宋傅肱《蟹谱》记载："北人以蟹生析之，酤以盐梅，芼以椒橙，盥手毕，即可食，目为洗手蟹。"做法就是选肉肥膏美的螃蟹分块，用各种作料腌渍，制作时间较短，洗手的工夫即可上桌，因此叫洗手蟹。

在宋人的餐桌上，豆腐也非常普及。豆腐容易烹饪，价格便宜，做法更是五花八门，其中东坡豆腐非常有名。

林洪在《山家清供》中记载了东坡豆腐的做法："豆腐，葱油煎，用研榧子一二十枚和酱料同煮。又方，纯以酒煮。俱有益也。"

第一种做法是将豆腐用油煎之后，用榧子研制的粉末与酱料加在一起与豆腐一起煮；另一种做法是纯用酒煮煎过的豆腐。

苏东坡不仅研制出了东坡豆腐，对蜜渍豆腐也情有独钟，陆游就在《老学庵笔记》中提到过："（仲殊长老）豆腐、面筋、牛乳之类，皆渍蜜食之，客多不能下箸。惟东坡性亦酷嗜蜜，能与之共饱。"

◆ 宋·赵孟頫《苏东坡小像》

还有，干果也经常出现在宋人的餐桌上，《东京梦华录》中提到过各式各样的干果："又有托小盘卖干果子，乃旋炒银杏、栗子、河北鹅梨、梨条、梨干、梨肉、胶枣、枣圈、梨圈、桃圈、核桃肉、牙枣、海红、嘉庆子、林檎旋、乌李、李子旋、樱桃煎、西京雨梨、水梨、甘棠梨、凤栖梨、镇府浊梨、河阴石榴、河阳查子、查条、沙苑榅桲、回马孛萄、西川乳糖狮子、糖霜蜂儿……"

干果种类之多，让人瞠目结舌，有些名字更是让人觉得陌生，但其实这些干果在现代也很常见，只是名字不同罢了。比如说嘉庆子是李子的别名，海红是柑的一种，孛萄指的是葡萄，乌李说的是乌梅，樱桃煎是水浸樱桃，当时在蜀川地区盛产一种被称为"宋代牛奶糖"的乳糖，主要成分是砂糖和牛奶。这种奶糖不仅在蜀川地区有名，也被远销到当时北宋的京城汴梁，商人们为了卖个好价钱，别出心裁将其形状做成狮子状，美其名曰——乳糖狮子，这也成为了宋代颇受欢迎的街边美食，就如同后来流行的冰糖葫芦一样。

通过这些琳琅满目的食物，我们可以看出宋人在吃上的钻研与创新，更深刻地领略到中华"民以食为天"的传统文化。

▶ **小知识**

> 南市沽浊醪，浮蚁甘不坏。
>
> 东门买彘骨，醯酱点橙薤。
>
> 蒸鸡最知名，美不数鱼蟹。
>
> 轮囷犀浦芋，磊落新都菜。

选自陆游的《饭罢戏作》。陆游去南市买酒，然后去城东买猪排骨，又买了香料、鸡肉与鱼蟹。可见，宋朝人的饮食很丰盛，市场摊点众多，应有尽有，城市经济繁荣。

因此，宋朝文人也创作出了很多关于"吃"的脍炙人口、流传百世的诗句。

大相国寺的炙猪肉究竟是什么样的美味

提起赫赫有名的大相国寺，大家都不陌生，其中让东京百姓都交口称赞的炙猪肉也引起人们不小的兴趣。

大相国寺，位于繁华的东京，原名"建国寺"，而后唐睿宗为了纪念自己由相王登基，将其改名为"相国寺"，北宋太宗又亲自题名为"大相国寺"。

大相国寺是东京城最大的寺庙，也是闻名遐迩的佛教中心。有人会很纳闷：这样一座庄严肃穆的庙宇怎么会放任僧人在此处开设炙猪肉饭馆呢？

其实，宋朝的大相国寺并不是我们认为的那样与尘世隔绝，或是仅有僧人香客出没上香，它虽殿宇巍峨，却有着十足的人间烟火气。

孟元老就曾在《东京梦华录》中写道："相国寺每月五次开放，万姓交易。"

每个月有五天，那些从全国各处赶来京城的商人都可以在此交易物品，整个大相国寺人声鼎沸、热闹不已。

大相国寺的炙猪肉也在这些人的口耳相传中闻名东京，那大相国寺的炙猪肉究竟是什么样的美味呢？

宋人张舜民在《画墁录》中记载了这样一个故事："旧日有僧惠明，善庖，炙猪肉尤佳。一顿五斤。杨大年与之往还，多率同舍具飧。一日大年曰：'尔为僧，远近皆呼烧猪院，安乎？'惠明曰：'奈何？'大年曰：'不若呼烧朱院也。'都人亦自此改呼。"

大相国寺有一位僧人惠明，擅长厨艺，尤其是烧猪肉，众人称他所在的禅院为"烧猪院"。一个因烧猪肉而扬名的僧人，他的拿手绝活自然让人垂涎三尺。

当时，猪肉的价格很便宜，苏东坡在《猪肉颂》中写道："黄州好猪肉，价贱如泥土。贵者不肯吃，贫者不解煮。"

平民百姓不知道如何煮，所以不吃，那么有人研制美味成功之后，平民百姓都唾手可得的猪肉，风靡汴梁也是意料之中的事。

苏东坡被贬到黄州时，对猪肉赞不绝口，他煮肉也颇有心得，总结出了"东坡烧肉十三字诀"——慢着火，少着水，火候足时它自美。

这是大文豪苏东坡烧猪肉的方法，但惠明和尚的做法并没有太详细的记载。《随园食单》中曾记录了一种烧猪肉的方法："凡烧猪肉，须耐性。先炙里面肉，使油膏走入皮内，则皮松脆而味不走。若先炙皮，则肉中之油尽落火上，皮既焦硬，味亦不佳。"这是后人琢磨的烧猪肉心得，惠明和尚的炙猪肉如此火爆，耐心自然不可少。

在宋朝，"烧"这种烹饪技法渐渐普及起来，烧制菜肴大量出现在餐桌。而这种烹饪技法在此之前并未广泛流传，只有大型祭祀和宫廷盛宴才会用到。所以，炙猪肉在宋朝也算是"飞入寻常百姓家"了。

宋朝的僧人中常出庖厨，除了惠明和尚，还有善于烹制猪头肉的僧人。

惠洪的《冷斋夜话》中记载了这样一个故事：一位追捕流寇的官员经过一座寺庙时饥肠辘辘，醉酒的主僧却傲慢不拘地坐在那里，没给他做吃的，此举惹怒了官员，官员想要杀了他，却发现他临危不惧。官员觉得很奇怪，就赦免了他，转而向他求取蔬果来充饥。僧人说"有肉无蔬"，并且馈赠他一道美味的蒸猪头肉。官员觉得这道菜特别好吃，非常开心，就问："你除了会喝酒吃肉，还会其他技能吗？"僧人说自己还能作诗。官员就让他为这道菜赋诗一首。只见这位僧人率尔操觚，一首关于猪头肉的诗就诞生了："嘴长毛短浅含膘，久向山中食药苗。蒸处已将蕉叶裹，熟时兼用杏浆浇。红鲜雅称金盘饤，熟软真堪玉箸挑。若把膻根来比并，膻根自合吃藤条。"

从这首诗我们可以看出，这位僧人蒸猪头肉的方法很是诱人，先拿着蕉叶裹着猪头蒸，然后淋上一层香喷喷的杏浆，这样才能制成又香又软的猪头肉。

在宋朝的寺庙中，有时遇到一位平淡无奇的僧人，他很有可能是一位善于烹制猪肉的大师，这个概率比其他朝代大得多。

宋朝吃不到羊肉的人，可选择物美价廉的猪肉，因此被贬至黄州的苏轼，也能在吃饱喝足之余，发出"早晨起来打两碗，饱得自家君莫管"的感叹。

▶ **小知识**

> 净洗铛，少著水，柴头罨烟焰不起。
>
> 待他自熟莫催他，火候足时他自美。

选自苏东坡被贬黄州时写的《猪肉颂》。那时他生活清贫，对吃的追求却没有降低，这两句交代了苏东坡制作猪肉的方法——慢炖。

猪肉满足了苏东坡的口腹之欲，苏东坡对猪肉的热爱也越发上升，他甚至将自己的学问比作猪肉，将朋友对佛学的造诣比作龙肉，说："然公终日说龙肉，不如仆之食猪肉，实美而真饱也。"可见他务实与幽默的个性。

独具一格的饮酒方式——鹤饮

宋朝的历史与酒关系密切，赵匡胤在酒桌上不费吹灰之力就释去了一起打江山的武将的兵权，将权力集中到自己一个人的手上。

酒，是宋朝历史不可或缺的一部分。

宋朝皇室不仅自己嗜酒，还鼓励人们饮酒，从而获取更多的财政收入。宋朝的内酒坊就是负责造酒的机构，酿造的也是一些罕见的美酒，普通酒坊根本无从得知其绝密配方。

除了宫廷，城镇村寨的酿酒作坊也星罗棋布，数量惊人。有人会问：如果回到宋朝，我想要当垆卖酒该如何准备？

其实，在宋朝，酒的原材料都需要从官方购买，然后再从官方租来酒坊生产，最后酿成的酒再由官府统一销售，因此你若是想开一家酒馆，那么势必要从官府购买大部分种类的酒。

在宋朝不仅卖酒的店铺数不胜数，饮酒方式也是五花八门，你应该想不到还有一种饮酒的方式叫鹤饮吧？

宋朝张舜民的《画墁录》中记载："苏舜钦、石延年辈有名曰：鬼饮、了饮、囚饮、鳖饮、鹤饮。鬼饮者，夜不以烧烛；了饮者，饮次挽歌哭泣而饮；囚饮者，露头围坐；鳖饮者，以毛席自裹其身，伸头出饮，毕，复缩之；鹤饮者，一杯复登树，下再饮耳。"

如此饮酒方式在我们现在看来，恣肆狂放，倒像是在撒酒疯，但在古代反而受苏舜钦、石延年一类的文人墨客青睐。

宋人可以做到"一曲新词酒一杯"，又或者是"酒逢知己千杯少"，可见酒对他们吟诗作乐的重要性。

入夜时分，街道上依旧是灯火通明，与唐朝庄重严肃、方正笔直的长安城不同，宋朝的皇城"十二市之环城，嚣然朝夕"，车水马龙，嘈杂拥挤，它并没有那么规整，反而像是一个大集市。

在这里，有不计其数的酒家。在一些繁华地段坐落着雅致高大的酒楼，楼门口花团锦簇，流苏飘荡，让人不禁驻足观赏，其中非常有名的清风酒楼受到那些文人骚客的喜爱。这酒楼在北宋晚期改名为丰乐楼，文献记载"三层相高，五楼相向，各有飞桥栏槛，明暗相通，珠帘绣额，灯烛晃耀"，大红的灯笼连绵不绝，在夜里也宛若白昼。

当时文人对饮酒的氛围十分看重，只有周围的风景合他们的意，他们才会率尔操觚，写下千古名篇。北宋司马光曾写有一首《和孙器之清风楼》：“贤侯宴枚马，歌鼓事繁华。晚吹来千里，清商落万家。平原转疏雨，远树隔残霞。宋玉虽能赋，还须念景差。”

这首诗描绘了清风楼的繁华以及在楼上看见的疏雨残霞的景象。此外，这座酒楼自然成为了名流雅士的聚会场所。

清风楼窗外的风景正好，屋内的景致也不容小觑。酒楼里不仅有豪华精致的酒具，还有头戴杏花冠、涂脂抹粉的女子招揽客人，以及一系列增加酒兴的装备，比如名琴、九射格等。

欧阳修的《归田录》中记载：“燕王次子好坐木马子，坐则不下，或饥则便就其上饮食，往往乘兴奏乐于前，酣饮终日。”

那些王公贵胄饮酒时最不能缺的就是歌舞，否则就不尽兴。通宵达旦地饮酒与欣赏歌舞是一些达官贵人的娱乐方式。

美人与美酒相辅相成，宋朝用美人陪酒也非常普遍，《齐东野语》中描写过这样的场面：“酒竟，歌者、乐者，无虑数百十人，列行送客。烛光香雾，歌吹杂作，客皆恍然如仙游也。”

浩浩荡荡数百人陪酒，这种场面实在让人觉得不可思议。当准备饮酒的人到酒楼饮酒时，可以拿着名牌点劝酒者，这叫作“点花牌”。在宋朝的酒楼里，纯银打造的碗筷盘盏等十分普遍。用这么高端的餐具饮酒吃饭，花费自然不会少。

因此，这并不是普通人可以消费得起的。即使只有几个人在酒楼饮酒，也可以轻轻松松花出去几百贯。

除了花费惊人，他们的酒量也很惊人，宋朝曾有人说："平生饮徒大抵止能饮五升，已上未有至斗者。"五升大约六七斤，这是很骇人的酒量了，作为现代人，我们可能会下意识地思考：这些人喝了那么多酒为何没有酒精中毒呢？

其实，宋朝的酒和现代度数高的白酒差异巨大。宋朝的酒大多是黄酒。北宋时期的《北山酒经》中详细记载了酿酒的理论、制曲技术以及酿酒技术，那时候酿出来的酒度数并不高，喝酒聊天玩乐就挥发了不少，自然可以畅快痛饮了。

酒楼中酒的品种也不少。那些皇家独有的"内酒"，以及光禄寺中的"光禄寺酒"等不对外销售，只有达官贵人受到赏赐时才能一饱口福。此外，还有用水果酿成的果酒，用花草制成的酒，甚至用牛乳提炼出来的酒。

皇室中长春法酒与苏合香酒都非常有名，前者是将三十多种名贵中药用冷浸法配制而成的药酒，可以"除湿实脾，行滞气，滋血脉，壮筋骨，宽中快膈，进饮食"；后者则是和苏合香丸一起煮，据说可以调五脏，祛除腹中诸病。

苏东坡的《真一酒》曾这样写道："稻垂麦仰阴阳足，器洁泉新表里清。晓日著颜红有晕，春风入髓散无声。"饮用后脸上会有红晕，气血通畅，有一种春风入腹的酣畅。

苏东坡被贬海南的时候苦中作乐，发明了松节酒，它可以治跌打肿痛、风湿麻痹。

北宋张能臣在《酒名记》中提到过各式各样的酒名，比如曹太皇太后娘家的家宴名酒瀛玉，朱太妃娘家家宴名酒琼酥，还有曹驸马家的家宴名酒雅成春，以及东京各式酒楼的主打酒，丰乐楼的眉寿、遇仙楼的玉液等。这些酒名十分雅致，让人浮想垂涎。

▶ 小知识

丈夫少也不富贵，胡颜奔走乎尘世。

予年已壮志未行，案上敦敦考文字。

有时愁思不可掇，峥嵘腹中失和气。

侍官得来太行颠，太行美酒清如天，

长歌忽发泪迸落，一饮一斗心浩然。

嗟乎吾道不如酒，平褫哀乐如摧朽。

读书百车人不知，地下刘伶吾与归！

这首诗是苏舜钦的《对酒》。苏舜钦是北宋中期著名的诗人，嗜酒如命，也因此不得岳父的喜爱。岳父专门派人调查他，发现他以古书下酒，虽喝酒但也没耽误读书，这才满意。

这首诗是他郁郁不得志时所作，对酒高歌时潸然泪下，感叹自己时运不济，还不如杯中之物，因此借酒抒怀。

点茶与斗茶是什么

"寒夜客来茶当酒，竹炉汤沸火初红。"在漫漫寒夜里，煮一壶茶来招待客人是一件非常雅致的事。

在宋朝人眼里，只有茶才能和酒一较高下。王安石曾说："夫茶之为民用，等于米盐，不可一日以无。"可见，当时百姓对茶的热爱，实在是让我们现代人望尘莫及。

茶，最初被当作药材来使用，茶圣陆羽把饮茶当作一种艺术，茶在唐代普及，到宋朝达到一个小高峰。关于茶的诗词佳句也数不胜数，李清照曾写过"豆蔻连梢煎熟水，莫分茶"，还有"当年曾胜赏，生香熏袖，活火分茶"，可见她对饮茶的熟稔。

在宋朝，能够"松花酿酒，春水煎茶"，也是一件幸运的事。

随着当时饮茶的风靡，宋朝人也越来越注重饮茶的乐趣。在东京，有很多茶馆和茶肆。据《萍洲可谈》记载，宋朝人在招待客人时，"至则啜茶，去则啜汤"，在客人到达的时候，会招待他们饮茶，在客人走的时候，就会换一种饮品。

此外，在街头小巷挑着扁担沿街叫卖的茶贩们也是一道流动的风景线。不仅是街上的茶贩，邻里之间互相提着茶壶串门的也不少。《东京梦华录》记载："或有从外新来，邻左居住，则相借借动使，献遗汤茶，指引买卖之类。更有提茶瓶之人，每日邻里相互支茶，相问动静。"

宋朝人每日靠着喝茶来交换信息，茶也是他们之间交往的一种媒介。

饮茶的次数多了，自然会研究出更多的花样来，斗茶也应运而生。斗茶，就是对茶叶质量进行鉴别。

斗茶起源于唐朝的建州，然后向全国各处发展。北宋文学家范仲淹曾写过"不如仙山一啜好，泠然便欲乘风飞"。斗茶，在宋朝一直是非常高雅的活动。

山间斗茶，也就是在茶叶产地、加工作坊，对新制的茶叶进行品鉴。

还有在市井里斗茶。人们聚集在茶馆里品鉴茶的好坏，这也逐渐成为一种娱乐活动。贩茶者在茶馆里牵头组织这个活动，能获得丰厚的利润。

怎么斗茶呢？

宋朝斗茶的步骤非常复杂。最开始要进行"三嗅"，在烹点之前对茶的品质进行嗅香，尝尝味道，然后观察颜色的变化。这个过程最好是在清晨进行，因为宋朝人认为这个时候人的嗅觉和味觉都比较灵敏。

斗茶时间大部分都会选择在清明时分，因为这个时候新茶初出，最适合斗茶。

当然，斗茶最关键的是对水的把控。"斗赢一水，功敌千钟"，毕竟茶离不开水，只有水的品质优良，才能做成优良的茶。

斗茶的茶盏也非常重要。建州窑所出的茶盏是宋代最好的茶盏，釉面绀黑如漆，纹如兔毫，杯壁略厚，点茶时烤盏，久热难冷，非常适宜沏茶，深受名流雅士追捧。如今我们在北京故宫博物院都能观赏到宋建窑黑釉兔毫盏珍品。

◆ 宋·刘松年《撵茶图》

当然，只有斗茶的每一步骤都做到精益求精，才能拔得头筹。

在宋朝之前，百姓喝茶会在里面放花椒或者羊乳，这种做法自然品不出茶的清香，甚至会有点难以下咽。在宋朝，品茗是一项高雅的活动，是与赏古画、古琴联系在一起的，一股花椒大葱味的茶自然是没办法与它们相提并论的。梅尧臣在诗中曾经写道："弹琴阅古画，煮茗仍有期。"洪适也写过："煮茗对清话，弄琴知好音。"

在宋朝，除了斗茶，点茶也极为风行。

点茶的步骤很复杂，包括炙茶、碾茶、罗茶、烘盏等一系列工序。

宋徽宗就是一个点茶高手，《延福宫曲宴记》中记载："上命近侍取茶具，亲手注汤击拂。少顷，白乳浮盏面，如疏星淡月。"他能把茶煮成疏朗的星星与淡淡的月光，甚至还撰写了《大观茶论》，这本书详细地描述了北宋茶的产地、品质的差异以及宋徽宗自己对茶的独特见解。

除了宋徽宗，福全和尚点茶技术也是一绝。他可以在茶上面写诗，这种控制力也算是空前绝后了。他曾经给别人表演过这样的一首诗："生成盏里水丹青，巧画功夫学不成。却笑当时陆鸿渐，煎茶赢得好名声。"

茶中的水墨丹青，是点茶的高级水平。点茶的关键之处就是掌握好茶与水之间的比例，还有颜色与外观、茶末的状态。一盏好茶，自然是赏心悦目的，等到合适时再啜饮，自然风味最佳。

大诗人陆游就是爱茶之人，他曾以"饭囊酒瓮纷纷是，谁赏蒙山紫笋香""旋置风炉煎顾渚，剧谈犹得慰平生"来表达自己对蒙顶茶与顾渚茶的喜爱。陆游十分仰慕茶圣陆羽，对其所写的《茶经》也非常推崇，说"我是江南桑苎家，汲泉闲品故园茶（陆羽号桑苎翁）"，以表示他的推崇。陆游对分茶也非常在行，此外，李清照、曾几等都是分茶的高手。

在宋朝，茶与酒都是必不可少的东西。与酒一样，大宋皇室也垄断了茶叶市场。质量最高的茶饼会进贡到皇宫，并且制成龙团凤饼，来彰显身份的尊贵。苏东坡曾写道："武夷溪边粟粒芽，前丁后蔡相笼加。争新买宠各出意，今年斗品充官茶。"宋朝皇室爱茶，底下谄媚的官员自然不会放过这个机会，都变着法儿给皇帝挖掘各种有新意的茶，茶的品种也就越来越丰富了。

▶ 小知识

> 世味年来薄似纱，谁令骑马客京华。
>
> 小楼一夜听春雨，深巷明朝卖杏花。
>
> 矮纸斜行闲作草，晴窗细乳戏分茶。
>
> 素衣莫起风尘叹，犹及清明可到家。

这首诗是陆游所作的《临安春雨初霁》，诗中对分茶做了一定的描述。在出门不便的雨后，陆游的选择就是在家写字饮茶。陆游一生笔耕不辍，关于茶的诗达两百多首，在众多诗人中名列前茅。

宋人的饮料——汤与乳酪

宋朝人除了茶与酒，还有其他饮品。

苏轼有诗云："一年好景君须记，最是橙黄橘绿时。"意思是说你要记住一年中最好的景致，就是在橙子金黄、橘子青绿的秋末冬初的时节。宋朝人在这一时节，除了吃水果，还会将水果制成果汁，称为"汤""熟水""凉水"等。

水果可以制成汤，中药也可以制成汤，在《事林广记》别集卷七《诸品汤》中就列举有香苏汤、橙汤、干木瓜汤、湿木瓜汤、缩砂汤、无尘汤、乌梅汤等众多饮品，五花八门，几乎凡是可以食用的水果都会被宋朝人拿来尝试做成饮品，对药材他们也尝试颇多，比如缩砂汤就是丁香皮、缩砂仁、桔梗之类制成的。

其实，"汤"有时被赋予了送客的意思。主人遇到不喜欢的客人，通常不愿意让他们久待，这时候就会暗示性地端来一碗汤，提醒他们赶紧走。但是到了南宋，这种风俗渐渐消失了。

那么，怎么制成味美的汤呢？

《事林广记》收录了几种制作汤的方法："夏月凡造熟水，先倾百煎滚汤在瓶器内，然后将所用之物投入，密封瓶口，则香倍矣。若以汤泡之，则不甚香。若用隔年木犀或紫苏之属，须略向火上炙过，方可用，不尔则不香。"

先烧沸水放进瓶器内，然后将要用的材料投入，接着密闭瓶口，一壶香喷喷的饮料就制成了，但是要注意的是，要是直接拿热水泡，那么味道就会失之毫厘，差之千里。

这里放入沸水中的通常是被碾成细粉的花果，这种做法倒像是现在的用粉剂冲泡的速溶饮料。

除了汤饮，乳品在宋朝也非常盛行。

牛奶，营养丰富，因此很多人都喜欢。宋朝人已经有很多精致的方式来食用牛奶及其制品了。苏颂在《本草图经》中写道："水牛、秦牛、黄牛取乳及造酥、酪、醍醐等，然性不同，水牛乳凉，秦牛乳温，其肉皆寒也。"不同的牛乳风味不同。

除了牛乳，《本草图经》中还记载："驴、马乳冷利，羊乳温补，马乳作酪弥佳耳。"

驴奶、马奶、羊奶都可以出现在宋朝的餐桌上。宋朝皇室专门设有牛羊司和乳酪院，牛羊司养着一群牛羊，每日挑选最为鲜美的奶献给皇室。但是北宋的皇帝并不喜欢鲜奶，他们通常只喜欢御膳房或光禄寺制好的奶酪。

在民间，鲜牛乳深受人们的喜爱，老人通常将它当作食补佳品，甚至有人"常饮牛乳，色如处子，卒年九十"，还有人认为它比肉还要好，所以孝顺的孩子会想方设法地给自己父母提供充足的牛乳。

南宋周去非在岭南做官时，尝过椰奶的风味，他形容其"味美，如牛乳"。

试想我们回到宋朝，在街上行走，会看见鳞次栉比的商铺，里面人头攒动。沿街叫卖的商贩数不胜数，他们在街上放置板凳桌子，上边罩着青布伞，我们可以在这里买到各式各样的饮料。

在夏天，我们还可以买到冰镇的饮品，比如甘豆汤、椰子酒、豆水儿、鹿梨浆、卤梅水、姜蜜水、木瓜汁、茶水、沉香水、荔枝膏水、苦水、金橘团、雪泡缩脾饮、梅花酒、香薷饮、五苓大顺散、紫苏饮等，这些都是解暑利器，还可以开胃。

《梦粱录》也记载，杭州茶肆"四时卖奇茶异汤，冬月添卖七宝擂茶、馓子、葱茶，或卖盐豉汤，暑天添卖雪泡梅花酒，或缩脾饮，暑药之属"。冬夏街上盛行的饮品不一样，冬天喝葱茶暖胃，夏天则可以买雪泡梅子茶解暑。

病起萧萧两鬓华，卧看残月上窗纱。豆蔻连梢煎熟水，莫分茶。
枕上诗书闲处好，门前风景雨来佳。终日向人多酝藉，木犀花。

　　这首词是李清照的《摊破浣溪沙·病起萧萧两鬓华》。李清照不仅是个博闻强识的才女，还是制作汤水的高手。

　　词中豆蔻又名含胎花，叶子很像芭蕉，果实像葡萄，种子像石榴子。用它来制作熟水，既可以祛湿解暑，又有情调。

宋人的宫廷宴会究竟是什么样

宋朝的宫廷饮食，若是用一个词来形容，那么一定是挥金如土。

在南宋的宫廷里，你可以看见巧夺天工的高台楼榭，绵延十几千米的西湖美景以及金碧辉煌的宫墙，用一句诗来形容，就是"朱楼高百尺，不见到天明"。

宫廷里的美食，自然有普通人见识不到的珍馐佳酿。

宫廷美食并不只是承担一日三餐填饱肚子的作用，它还承担了祭祀、内务、外交、犒赏大臣的作用，其中还蕴含着政治意义。小到家事，大到国事，在餐桌上谈，轻松的气氛可以化解很多危机与冲突。

宋朝宫廷饮食因为重提祖宗之法，不能"取食味于四方"，"饮食不贵异味，御厨止用羊肉，此皆祖宗家法，所以致太平者"。之前提到过，宋朝皇帝更偏爱羊肉，所以餐桌上只能出现羊肉。

　　在宋朝以前，人们吃饭都是席地而坐，实行一人一份的分餐制。到了唐朝中后期，高足桌椅的出现让人们的吃饭习惯发生了改变。众人围坐一桌，共吃菜肴的合餐制开始出现。这种饮食方式，在宋朝得到普及，并被世代沿用。直到现在，这种欢聚一堂的合餐模式仍出现在我国大多数家庭中。一轮明月，满桌佳肴，老少围坐，举箸共食。

◆ 宋·徽宗赵佶《文会图》聚餐

　　合餐温馨，但公筷必不可少。其实，公筷的第一位倡导者便是宋高宗。《西湖游览志馀》记载："高宗在德寿宫，每进膳，必置匙箸两副，食前多品，择取欲食者，以别箸取置一器中，食之必尽，饭则以别匙减而后食。吴后尝问其故，对曰：'不欲以残食与宫人食也。'"

在宋朝，值得一提的是，通常只有在天宁节时会在集英殿里吃饭，天宁节是宋徽宗的诞辰，也就是说，最高规格的国宴只有在皇帝过生日的时候才会举办。

除了宋徽宗，宋朝的其他皇帝在享受方面也不遑多让。宋神宗晚年痴迷于饮酒享乐，一场宴会花费十余万钱。这还不算是最浪费的，宋仁宗的一次内宴上，餐桌上摆着蛤蜊二十八枚，当时蛤蜊一枚需要一千文，"一下箸为钱二十八千"，宋仁宗都说"不忍"这等侈靡。

这已经让我们瞠目结舌，但是对于皇室来说，这只是他们日常生活中微不足道的小事。

前文提到过的蟹酿橙，制作剩下的肉都会直接丢弃。普通官员家也是如此。

宋朝大臣蔡京喜欢吃一种鹌羹，光这一道菜就要耗费几百只鹌鹑。他为了享受美食，在家中养了一大批厨子，每一道菜都由专人制作，每个厨子只需要负责一道菜就行了。

当然，东京莺歌燕舞的奢华生活也让很多人愤慨，特别是在徽钦二帝被俘虏之后，那些狼狈逃到临安的官员与皇亲贵胄竟然依旧贪图享乐，诗人林升路过临安，在墙壁上写了一首《题临安邸》："山外青山楼外楼，西湖歌舞几时休？暖风熏得游人醉，直把杭州作汴州。"

这首诗充满讽刺意味，但是并没有让当局者迷途知返。在南宋，那些贵族大臣的奢侈生活反而更甚于从前，不只是秦桧家每次内宴都会超出规格，就连一些普通官员也纷纷效仿，攀比成风。

南宋洪迈的《夷坚志》中记载：镇江一个小官，平时骄奢成性，有一次他命令工匠打造器皿，制好后嫌弃漆色不好看，竟然拿斧头将它们全部劈烂，然后重新造，除此之外，他吃羊肉只嚼出汁然后将肉渣吐出来。

　　这实在让人不可思议，但是那时候大部分官员都是如此，甚至其子孙后代也有过之而无不及，变得更加穷奢极欲。

　　"食不厌精，脍不厌细"，宋朝的宫廷宴会将这句话发挥到了极致。宋朝由司膳内人所撰写的《玉食批》中就提到了各种各样的珍馐美食："酒醋三腰子、三鲜笋、炒鹌子、烙润鸠子、爁石首鱼、土步辣羹、海盐蛇鲊、煎三色鲊、煎卧乌、焐湖鱼、糊炒田鸡、鸡人字焙腰子、糊爁煠鲇鱼、蝤蛑签、麂膊、浮助酒蟹、江珧、青虾辣羹、燕鱼干鱼酒醋蹄酥片、生豆腐百宜羹、臊子炸白腰子、酒煎羊、二牲醋脑子、清汁杂胚胡鱼、肚儿辣羹、酒炊淮白鱼。"

　　这些菜名太过奇怪，后人也无法全部还原出美食的做法，只能在寥寥几句中窥探出当时奢侈的宫廷美食。

▶ **小知识**

　　家住西秦。赌博艺随身。花柳上、斗尖新。偶学念奴声调，有时高遏行云。蜀锦缠头无数，不负辛勤。　　数年来往咸京道，残杯冷炙漫消魂。衷肠事、托何人。若有知音见采，不辞遍唱阳春。一曲当筵落泪，重掩罗巾。

这是宋代晏殊写给歌女的词《山亭柳·赠歌者》，描写了歌女的悲惨生活。在宋朝，社会底层人民都过着饥寒交迫的生活，可以说是"食必粗粝，经逾岁年，不沾肉味"（范仲淹句），那些豪华的宫廷美食对于他们来说都遥不可及。

◆　宋·张择端《清明上河图》一角

宋朝的外卖与小吃街

　　如果回到宋朝，在晚上想吃夜宵怎么办？那自然是去夜晚的小吃街啦。

　　宋朝与唐朝相比，宵禁不复存在，百姓在夜里可以出门吃吃逛逛，不用担心被巡夜的士兵抓入大牢。在北宋的都城东京，"夜市直至三更尽，才五更又复开张。如要闹去处，通宵不绝"。也就是夜市到三更结束，早市五更又开始，这中间的休息时间几乎可以忽略不计了。

　　走在京都，空气中弥漫着食物饮料的香气，身边的人比肩继踵，街面上灯火通明，还有一些卖唱的小鬟与挑着担叫卖的小贩。

　　《梦粱录》中记载："又有沿街头盘叫卖姜豉、膘皮子、炙椒、酸儿、羊脂韭饼、糟羊蹄、糟蟹，又有担架子卖香辣罐肺、香辣素粉羹、腊肉、科头细粉、姜虾……"也就是说，你可以在这个夜市里买到各种各样的小吃，不仅有京都的小吃，还有来自南北方的特色美食。之前说过猪肉价格低贱，京都的猪肉消耗是巨大的，每天晚上，有成群的活猪被人赶着，从南熏门入城到专门宰杀猪羊的作坊，然后分到各处的肉铺售卖。一般新鲜的肉都会在白天售卖完毕，如果卖不完就会被加工成熟食。

当然也能买到牛肉，但是牛肉价格要贵得多，因为牛作为生产工具，在宋朝是被明令禁止宰杀的。

宋朝的"小吃街"不仅可以买到小吃，也可以买到其他的小玩意儿。最繁华的街道御街是皇帝出行的街道，中间被严密地隔离，是不允许百姓进入的，在宋朝的一段时间里，这里是开放给百姓做买卖的。在这里你可以买到走马灯、金橘数珠、藏香、果子等。若是你看见金发碧眼的外国人也不要稀奇，因为东京"人口上百万，富丽甲天下"，在这里，有来自世界各地的商人。

除了外国人，那些深闺中的女子也是可以在夜里出行的。《东京梦华录》中记载："街北山子茶坊，内有仙洞仙桥，仕女往往夜游，吃茶于彼。"当你站在高处极目远眺，可以看见四通八达的漕运，分别是汴河、黄河、惠民河、广济河，在河面上，富丽的双桅帆船将各地物产源源不断地送入东京，让东京百姓能够享受到各地的美食。

在宋朝的小吃街里，不管你是北方人还是南方人，又或者是有什么忌口，你都可以找到自己想要吃的东西。

宋朝出现纸币，现代商业的雏形也渐渐形成。在张择端的《清明上河图》中，我们能看到一家脚店（供人临时歇脚的小客店）的伙计正在往别人家里送外卖，这对于宋朝的宅男宅女来说是一件好事。那些忙于工作的老百姓也习惯了去餐馆点餐以及叫外卖，只需要派遣一个人去餐馆招呼一声，伙计就会在一定的时间内将美食送达家中。

◆ 宋·张择端《清明上河图》中的外卖

　　在宋朝，餐饮业的竞争激烈，因此饭店的服务都很周到。如果你一桌有十个人，十个人有不一样的忌口，可以唤厨师按照每一个人的口味制作出不同的羹汤。"一有差错，坐客白之主人，必加叱骂，或罚工价，甚者逐之。"厨师不会不耐烦，因为若是收到投诉，轻则受到责骂，重则开除。

有些店小二甚至可以像耍杂技般上菜，"左手杈三椀，右臂自手至肩驮叠约二十碗"。想想这个场面，都会为店小二捏一把汗。

为了吸引顾客，酒店还会在消费到一定的金额后赠送小吃以及果盘之类。

东京仅仅高档酒楼就有清风楼、八仙楼、会仙楼等多座，小酒馆以及小饭店更是数不胜数，每个都有自己的特色，比如有些装饰成宅邸一样，静谧、隐私性强，有些装修成山村田园风格，还有些是只卖羊肉的羊肉酒馆。

《东京梦华录》中记载："更有川饭店，则有插肉面、大燠面、大小抹肉淘、煎燠肉、杂煎事件、生熟烧饭。更有南食店，鱼兜子、桐皮熟脍面、煎鱼饭。又有瓠羹店，门前以枋木及花样沓结缚如山棚，上挂成边猪羊，相间三二十边。近里门面窗户，皆朱绿装饰，谓之'欢门'。"

川饭店就是川蜀风味的饭馆，南食店就是南方风味的饭馆，它们有各自特色的美食。其中描写门两边挂着成边的猪羊，成边的猪羊其实就是猪羊从中间劈开，一半称为一边。这些门被涂成绿色或者红色，叫作"欢门"。从这个门进去，就是吃货的天堂，你可以享受到最贴心的服务和符合自己口味的美食。

若是你不想坐在店中吃饭，也可以沿街购买，光是《梦粱录》中记载的点心小吃就多达一百多种。

当然，你也可以去酒店，这些酒店"不以风雨寒暑，白昼通夜，骈阗如此"，也就是说它们会二十四小时营业，因此你可以通宵达旦地在里面饮酒作乐，不用担心它会关门。

若是你喜欢斗茶，你也可以去茶坊，"以南东西两教坊，余皆居民或茶坊，街心市井，至夜尤盛"，意思是说，这两个教坊除了居民住宅，大多数都是茶坊，与好友聚会也可以选择此处。

> 梁园歌舞足风流，美酒如刀解断愁。
>
> 忆得少年多乐事，夜深灯火上樊楼。

这首诗是北宋灭亡后刘子翚所作的《汴京纪事二十首·其十七》。这里的梁园指的便是开封，那时候北宋灭亡，昔日的繁华早已烟消云散，酒楼茶坊都化为一片焦土。

宋朝是一个有着悲剧色彩的王朝，原先京都的四衢八街越是灯火辉煌、软红香土，在破碎之后就愈加萧条，让人没法不惋惜。

第二章

妍暖聊随马首东，
春衫犹未著方空

由俭入奢的宋朝服饰

云想衣裳花想容。穿衣打扮是生活中重要的一部分，那么，精致的宋朝人是怎么穿衣的呢？

"祠宇嵯峨接宝坊，扁舟又系画桥傍。敀添满箸荨丝紫，蜜渍堆盘粉饵香。团扇卖时春渐晚，夹衣换后日初长。故人零落今何在？空吊颓垣墨数行。"

这是宋代诗人陆游写的《禹祠》，在春季渐晚的时候，街上已经有人开始卖团扇，而人们也纷纷脱下了夹衣。

夹衣是宋人的日常服饰，一般是双层的，由单层的襦衫演变而来。除了夹衣，褙子也是常见的服饰。褙子与夹衣不一样，它从腋下开始没有缝合，而是分裂下去，通常套在外面。

一般来说，穿衣的顺序由内到外依次是内衣、褙子、夹衣，有时候在最外面还会套衫袍或是大氅。王公贵族与平民百姓在这方面并没有太多的不同，但是衣服的材质、颜色以及装饰物都有很大的差别。

皇亲国戚为了体现自己的尊贵身份，让自己能够鹤立鸡群，都会设置一些禁忌。比如宋太宗曾经下诏："县镇场务诸色公人并庶人、商贾、伎术、不系官伶人，只许服皂、白衣、铁、角带，不得服紫。"意思是，普通的百姓只能穿皂色、白色之类的衣服，不能穿紫色的衣服。这是宋朝与汉朝不太一样的地方，在汉朝"皂"是尊贵的颜色，贾谊《陈政事疏》中曾说："且帝之身，自衣皂绨，而富民墙屋被文绣。"

虽然不同朝代代表身份的颜色不同，但是有一点是相同的，就是平民不能僭越等级。在王朝建立的初期，法令都严格执行，而到了后期，社会上富绅日渐奢靡，这些法令也会被忽视，一些富贵人家甚至开始镶金银线，以致皇帝又下诏："金箔、金银线、贴金销金间金蹙金线，装贴什器土木玩之物，并行禁断。非命妇不得以金为首饰。"

因此，若是你回到宋朝的前期，看到镶金穿紫的人，不用多想，他一定是皇亲贵胄或者钟鸣鼎食之家；但是到了后期，从所穿的衣服上已经不能轻易地判断一个人的身份了，他也可能只是个暴发户。

但是皇帝仍然不放弃对此限制，南宋高宗、孝宗、宁宗在位期间都颁布了关于服饰要求的诏书，阻止奢靡之风盛行，可是收效甚微，毕竟人们对美的追求是不可阻挡的。

在南宋行在临安，一些富人视规定为无物，不仅公然地在街上穿金戴银，遍身罗绮，还自己创造出浮夸的造型。

有些女子"不服宽裤与襦，制旋裙，必前后开胯，以便乘驴"，甚至有些还穿着钓墩。钓墩是契丹人的衣服样式，契丹可是宋朝最大的敌人，即使如此，宋朝人仍十分追捧契丹服饰。

宋仁宗曾颁布诏令"禁士庶效契丹服及乘骑鞍辔，妇人衣铜绿兔褐之类"，但这种禁令并没有引起百姓足够的重视，在宋朝穿胡服的人也越来越多，不只女性，还有男子戴毡笠子，着战袍，系番束带。宋徽宗执政时又下令："敢为契丹服若毡笠、钓墩之类者，以违御笔论。"意思是，若是有人仍然效仿契丹的服饰，那么就是无视皇帝明令，被流放、砍头也是有可能的。

在北宋的前期，皇帝崇尚节俭，因此也命令手下大臣不要铺张浪费，为了让这命令能够更有说服力，宋太祖还以身作则，也教育自己的子女勤俭节约。

吴炯在《五总志》中就记载了这样一个故事。魏国长公主穿着用翡翠羽毛制成的百褶裙去宫中，宋太祖看见了道："但恐宫闱戚里相效，小民逐利，即伤生浸广，实汝之由。"也就是说魏国长公主穿这样富丽的衣服，宫内恐怕会效仿，百姓逐利，肯定也会因此伤害生灵，以后还是不要穿了。

这种上行下效的情况并没有持续太长时间，宋仁宗曾经下了一道禁令："诏妇人冠高毋得逾四寸，广毋得逾尺，梳长毋得逾四寸，仍禁以角为之。"这里的冠与梳是宋代女性的头饰，皇帝都明令限制冠梳的长度与宽度，可见已经到了无法忍受的地步。

不过即使长度宽度有限制，宋朝人还是可以玩出其他的花样来，比如说用象牙、玳瑁等装饰头冠，到宋徽宗时已经达到"奉身之欲，奢荡靡极"的地步。

北宋后期一直都处于内忧外患的局面之中，甚至连宋徽宗、宋钦宗都沦为阶下囚，但是这并不妨碍高官子弟穿奢侈的服饰，就连几岁的孩童都"纤金曳紫"，更不要提大人了。

《宋史·舆服志》中提到的褙子是宋朝通用的服装，不过在北宋的后期，它可不只衣服那么简单，褙子前面用对襟，而不用衿纽，所以又叫"不制衿"，谐音叫"不制金"，宋朝就是亡于金，这寓意可谓差到极点，和"公主"改为"帝姬"一样让人感到不可思议。

除了"不制衿"，还有"一年景"。"一年景"是北宋靖康年间东京妇女衣服上流行的一种图形。更让人哭笑不得，因为宋徽宗禅让给宋钦宗后，宋钦宗也只做了一年的皇帝，正好应和了"一年景"，实在是不祥的兆头。

陆游在《老学庵笔记》中说："靖康初，京师织帛及妇人首饰衣服，皆备四时。如节物则春幡、灯球、竞渡、艾虎、云月之类，花则桃、杏、荷花、菊花、梅花，皆并为一景，谓之一年景。"

试想一下，每过一个节日又或者是每开一种花，这些北宋贵族女子就要换一种衣服应景，一年的衣服不会重样，这种奢侈程度在北宋初期一定会被点名批评，但在后期，如果不随波逐流恐怕还会被当成异类。

> 春蚕成丝复成绢，养得夏蚕重剥茧。
>
> 绢未脱轴拟输官，丝未落车图赎典。
>
> 一春一夏为蚕忙，织妇布衣仍布裳。
>
> 有布得着犹自可，今年无麻愁杀我！

这是宋朝诗人戴复古的《织妇叹》。南宋租税繁重，蚕民终日辛苦劳作，却连麻布衣都穿不上。

宋朝男子服饰有何特点

"春色何须羯鼓催？君王元日领春回。牡丹芍药蔷薇朵，都向千官帽上开。"

这是诗人杨万里描写的宫廷宴席上的簪花盛景。试想一下这个场景，在觥筹交错的宴席上，一群头戴方顶展脚幞头，腰束金带，穿着紫袍青衣的官员把酒言欢，他们的头上簪着满园春色，这实在是一道亮丽的风景线。

宋朝男子服饰的美，我们可以从诗中窥探一二，那么宋朝男子穿衣服有什么特点呢？

我们从上往下看，首先是冠，也就是帽子。宋朝的帽子种类繁多，有皇帝才能佩戴的通天冠，还有皇亲贵胄与达官贵人的貂蝉冠，以及苏东坡被贬时自创的东坡帽等。

冠也分三六九等。通天冠作为皇帝的礼冠,自然拥有最高等级的设计与材质。《宋史·舆服志》中是这样描写通天冠的:"通天冠,二十四梁,加金博山,附蝉十二,高广各一尺。青表朱里,首施珠翠,黑介帻,组缨翠緌,玉犀簪导。"通天冠前壁高出一截,像山一般巍峨突出,所以又叫高山冠,有一定重量,一般只有在祭祀与朝贺时才会佩戴,这也算是"欲戴王冠,必承其重"吧。

亲王们佩戴的冠大部分上面都会有貂尾、金蝉装饰,士大夫会佩戴紫檀冠,平民百姓会戴着棕皮与硬草简单制成的笠帽。

宋朝的官场还有一种特殊的帽子。我们在电视剧里都看到过这样的场景,一群穿着各色朝服的官员整齐划一地站在文德殿里等待皇帝驾到,他们头上戴着乌纱帽,乌纱帽的左右有两个竹竿一样的长条,像是一双翅膀。

为什么会出现这种情况呢?据说宋太祖赵匡胤在上朝时发现底下的官员老是交头接耳,惹人心烦,于是他给大臣

◆ 宋仁宗画像

们发放了新帽子，新帽子并没有什么特殊的，就是两边的双翅更长了一些，这样大臣们之间的距离就隔了半米多，窃窃私语就很困难了。当然，大臣也可以选择面对面聊天，不过这样就很容易被皇帝发现，再说转身的时候帽翅也可能会打到别人。

我们再往下看，宋朝男子的衣裳讲究更多，一般"上衣下裳"为基本，在这个基础上，会细分出更多种类。

北宋神宗元丰年间规定，朝廷官员四品以上官袍为紫色，六品以上是绯色，九品以上为绿色。除颜色之外，官袍上的图式也有讲究，包括狮子、练雀、柿红龟背等。如果你看到一个官员的衣裳上面画着花鸟，那么不必多说，他一定是五品以下的官员，而如果画着山水，那么他肯定是五品以上的官员。

但是到了南宋，就已经没有那么多讲究了，一时间"士大夫尽服紫衫"，到后来，都改成"凉衫纯白之衣"了。

而读书人的着装也有自己的特色，古代常说"品官绿袍，举子白襕"，"白襕"就是举子所创，所以也有"白衣书生"这个说法。一个身穿白衣、风度翩翩的举子站在面前，也是一种美的享受。

普通人的衣服都是短衣紧腿，怎样有利于劳作就怎样穿，并且各行各业都会有自己的专有服饰，俗称"百工百衣"。因此，你若是走在街上，也可以通过对方的衣着来判断其职业。

我们再往下看，宋朝男子的腰上会佩戴玉佩、腰带、鱼袋等装饰品。

《宋代·舆服志》中说："奉诏详定车服制度，请从三品以上服玉带，四品以上服金带。"可见，不管是衣裳、冠，还是腰带，都是有严格的等级制度的，一般地位越高，服饰的贵重程度越高。

宋仁宗年间"士庶之家侈靡相尚……珠琲金翠，照耀衢路，约一袭衣千万钱不能充给"。

一套衣服千万钱都不够，有人不仅镶金戴银，甚至使用犀牛皮制作的腰带。当然，他们对犀牛也是有要求的："犀中最大者曰堕罗犀……色深者，堪作带胯；斑散而色浅者，但可作器皿耳。"

这种奢华程度已经不仅是对美的追求了，还有享受一种超越别人的优越感，一旦攀比的风气盛行，就很难遏制，即使皇帝经常下诏告诫，也起不到作用。

最后是鞋，一般来说，官员大部分穿布鞋、皮鞋，平民百姓穿草鞋、布鞋、麻鞋、棕鞋、蒲鞋。南北方也有一定的区别，北方严寒，因此百姓多穿布鞋和草鞋，南方则常穿木屐，苏轼就曾以"山静闻响屐"来描写木屐在寂静山野中的回响。

宋朝对衣裳的颜色有要求，鞋子也是如此。皇帝在参加重大典礼时要穿红色的鞋，贵族与大臣在出席重要场合时要穿黑色的皮鞋，且男性的鞋多为小头，女性的则以圆头、平头为主。

宋朝缠足之风兴起，宋朝的男子喜欢小脚女子，所以让女子缠足，这是十分痛苦的事。这种恶劣风气到民国才被禁止，"三寸金莲"终于慢慢地消失在历史的洪流中。

　　子有千瓶酒，我有万株菊。任子满头插，团团见花不见目。醉中插花归，花重压折轴。

　　选自苏轼所作的《答王巩》。簪花是宋朝的礼仪，苏轼也是簪花的爱好者，即使老了也要簪花。

　　簪花很有讲究，《齐东野语》记载："大抵簪白花则衣紫，紫花则衣鹅黄，黄花则红衣。"也就是不同颜色的花配不同的衣服，这样才更有美感。不仅苏轼，宋朝的皇帝也热爱簪花，经常赏赐给大臣各种花。臣子收到的花越是贵重稀有，代表着皇帝对他的恩宠越盛。

◆　清·苏六朋《簪花图》。传宋真宗赏花给臣子

宋朝女子服饰有何讲究

"叠雪裁霜越纥匀。美人亲翦称腰身。暑天宁数越罗春。两臂轻笼燕玉腻，一胸斜露塞酥温。不教香汗湿歌尘。"

这是宋代王千秋所作的一首词，词中描绘了一个酥胸微露的美女。大家可能都会有这样的困惑：在封建礼教非常严苛的宋朝，女子是不是应该将自己裹得严严实实的？

其实并不是这样，宋朝的女子常穿着抹胸，外面再套一件褙子，曲线微露，并不是我们所认为的那样一丝不露，反而还有唐朝遗风。

那么宋朝女子服饰有什么讲究呢？

让我们从头到脚一一介绍，首先，宋代女子的冠也有一番风味。

宋代女子的冠有皇后妃子所戴的九龙花钗冠，贵族妇女戴的珠冠，以及民间妇女喜欢戴的花冠，还有一些特殊行业的冠，比如说舞女跳舞时所戴的玉兔冠、仙冠等。

宋仁宗时期刘太后所佩戴的仪天冠是最尊贵的。刘太后有远见卓识，曾垂帘听政辅佐宋仁宗，因此她的头冠甚至有些逾制，倒是与皇帝冠冕有几分相似。

皇后所戴的九翚四凤冠也异常贵重，《宋史·舆服志》中这样描述："花九株，小花同，并两博鬓，冠饰以九翚、四凤。"也就是头冠上布满花株，冠两边有像蝴蝶翅膀一样的博鬓，上面镶嵌着华丽的珠宝，价值连城。皇后戴上它，更会显得雍容华贵、艳色绝世。

平民百姓也费尽心思装扮自己，佩戴由鲜花或者生花制成的花冠。若是应季的鲜花制成的花冠，还未靠近，就能闻到扑鼻的香气。《续骫骳说》中说："又妇女首饰，至此一新，髻鬓参插，如蛾、蝉、蜂、蝶、雪柳、玉梅、灯球，袅袅满头。"其实除衣裳有"一年景"外，有些花冠也将一年四季的代表花朵全部组在一起，也称为"一年景"。

玉冠符合宋朝素雅的审美，一般都比较秀气精致。

宋代女子的衣裳，分为上衣下裳，上衣有襦、袄、衫、褙子、抹胸等，下裳一般以裙为主。

◆ 宋·刘宗古《瑶台步月图》

宋朝的皇后会穿哪些衣服呢？

首先，皇后会穿深青色的袆衣，衣领有黑白的花纹，袖口边缘为朱红色，腰上面的带子与衣服的颜色相同。穿袆衣时，头饰可不能随意，一定要戴上配套的冠巾，而且只有在受封、朝会等重大场合才穿。我们现在可以看到的宋代皇后画像里，她们所穿的就是袆衣。

另外，皇后还有大袖、霞帔、翟衣、鞠衣等，在不同场合穿不同的衣服。鞠衣就是皇后在每年三月祈祷桑事时穿；凤冠霞帔则是在大婚时穿，别的场合基本用不上；大袖就是袖子很宽大的衣裳；翟衣则是最高等级的礼服，因为衣服上绣着翟鸟的花纹所以叫"翟衣"。

后妃、公主的衣服叫作"褕翟"，其实跟皇后的服饰差不多，只是改为"以青罗绣为摇翟之形"，并且分为九个等级，唯以青罗绣的等数对应品级，第一品九等，第二品八等，第三品七等，第四品六等，第五品五等，以此类推。

上衣以外，下裳也是极其重要的，宋朝女子的裙子也是五花八门。

"双蝶绣罗裙。东池宴，初相见，朱粉不深匀，闲花淡淡春。细看诸处好。人人道，柳腰身，昨日乱山昏，来时衣上云。"

这是宋代张先所写的《醉垂鞭·双蝶绣罗裙》。穿着双蝶绣罗裙的女子远远走来，像云般飘逸，让人交口称赞。

宋代女子除罗裙外，还有百褶裙、石榴裙以及长裙等。试想一下，你此时正在参加一场宋代的宴会，你可以看到浓妆艳抹的女子穿着各式裙子，有的像涟漪般叠在一起，有的长裙逶迤在地，每走一步都摇曳生姿。

如果这是一场贵族聚会，你会发现用郁金香根染的黄色最多，因为这种颜色的制作方式复杂，比较珍贵，所以深受贵族女子的喜爱。而舞姬通常都穿红色的舞裙，一下子就能分辨出来。

宋朝女子的抹胸"上可覆乳，下可遮肚"，是必需之物，让我们诧异的是男子也会穿抹胸，想来抹胸应该只是御寒之物。

如果想要判断一个宋朝女子的婚姻是否美满，可以看她的腰带，一些婚姻幸福的会佩戴合欢带。这是一种以两种颜色的彩色丝线编织而成的带子，有夫妻一体的含义，也可以当作定情的物品。

不过，如果女子从来没有佩戴过合欢带，也不能因此断定她婚姻不幸，因为宋朝女子腰间的配饰过于多，其他的也不错，比如玉佩、玉环之类，还有装着香料的香囊。

金缕鞋是宋代后妃喜欢穿的鞋，"刬袜步香阶，手提金缕鞋"描写了一个手提着绣鞋一步一步迈上香阶的女子，场面十分旖旎。当然，只有后妃才能穿得起昂贵的金缕鞋，普通女子只能穿布制的平头鞋子罢了。

▶ 小知识

> 妾情歌柳枝，郎意怜桃叶。罗带绾同心，谁信愁千结。
> 楼上数残更，马上看新月。绣被怨春寒，怕学鸳鸯叠。

这是李莱老所作的《生查子·妾情歌柳枝》，其中绾有同心结的同心带是古代定情信物之一，那么宋朝女子还会赠送给心上人什么定情信物呢？用丝线缠绕的香囊是一个不错的选择，除此之外，还有"结发同心，以梳为礼"的梳篦，女子腕上所戴的臂钏，以及"捻指环，相思见环重相忆。愿君永持玩，循环无终极"的戒指等。

揭秘北宋女子的化妆品

"裁剪冰绡，轻叠数重，淡著胭脂匀注。"这是宋徽宗《燕山亭·北行见杏花》中的一句。宫中女子剪裁好纯白丝绸，轻轻叠成数层，涂抹好淡雅的胭脂，艳丽的脂粉抹在美人面上，这个场面有一种别样的美感。

宋朝赵汝茪的《恋绣衾·柳丝空有千万条》中写过："怪别来、胭脂慵傅，被东风、偷在杏梢。"作者与女子分别后，脑子里想的是她懒搽胭脂扮容貌的场面，春风好像偷走了她脸上的脂粉抹在杏花枝梢。

可见，化妆品是北宋宫廷女子梳妆台上不可或缺的一部分。我们如果回到宋朝，在梳妆台上也可以看到各种各样的瓶瓶罐罐。

宋朝女子会剃去眉毛画眉，朱翌《猗觉寮杂记》中说道："今妇人削去眉，画以墨，盖古法也。《释名》曰：'黛，代也，灭去眉毛以代其处也。'"也就是说，北宋的女子将自己的眉毛剃去，然后用石黛来描眉，这样的话，眉毛的形状就可以由自己定了。

那时候比较流行"长蛾眉""浅文殊眉""广眉"等。其中"浅文殊眉"是女尼所创，十分纤丽轻细，清淡隽秀，在当时颇为流行。而"广眉"顾名思义，是一种比较粗犷的眉形，类似现在的野生眉，有句诗写道："广眉成半额，学步归踟蹰。"可见眉形的粗宽。还有李师师常画的"远山眉"也受到当时女子的追捧，"远山眉黛长，细柳腰肢袅"就是形容李师师的曼妙身姿的。

待眉毛修饰好了之后，就可以在额上贴上鹅黄，也就是涂上黄色的颜料。"眉心浓黛直点，额角轻黄细安"就是形容女子妆容的。

当然，光画了眉毛和鹅黄肯定会十分怪异，自然还要有底妆加持，不然就像是涂了腮红却没有涂粉底与遮瑕一样，不能算是一个完整的妆容。

宋朝女子的底妆粉饼大部分是米粉做的，也就是用米研制而成，最高级的便是粱米所作的粉饼。所用的材料越高级，所制成的粉饼就越昂贵耐用。还有用珍珠磨成粉，又或者是用紫茉莉与白鹤花制成的粉饼。

此外，还可以选择涂铅粉来提亮自己的肤色。宋朝女子在入画时都会比平时涂得更白一些，以把自己最美的部分呈现出来。不过，铅粉虽好，却有一定的毒性。

和现代人一样，当时每推出一款新粉饼，北宋女子就会抢先试用，然后向自己的姐妹推荐。

其中有一款"慵来妆"非常流行。先用薄薄的粉涂上红妆，然后浅画双眉，最后将鬓发弄卷，有一种蓬松的美感，让人觉得这是一位困倦的女子随手所涂的妆容，这恐怕与现代的素颜妆有异曲同工之妙。

◆ 白沙宋墓壁画《梳妆图》

贵族女子更偏爱珍珠，她们也会想办法将珍珠贴在脸上、染鹅黄的额间、太阳穴两边以及酒窝的两点，这种妆容非常流行。

除了珍珠，也可以换成金箔、银箔、鱼鳞，又或者是黑光纸剪成的花朵形状，这些都可以在宋朝女子的脸上看到。

宋朝的妆容与浓妆艳抹的盛唐不同，它带着几分典雅、素净，如果说盛唐妆容让人眼前一亮，那么宋朝妆容就是一种十分耐看、出尘脱俗并且回味无穷的美。

宋朝女子更偏爱薄妆，也就是淡妆，只要达到"薄施朱色，面透微红"的地步就可以了，不需要太过复杂的妆容。

宋朝女子也涂口红，她们称作"点绛唇"。那么宋朝人是怎样涂口红的呢？

宋朝女子在涂粉的时候会将自己的嘴唇也涂上，然后用唇脂重新画唇形，可以根据自己当日的服饰或者是心情来选择，当然大部分人都对精致小巧的唇形更为偏爱。

朱色一直是宋朝女子嘴唇的主流色号，大部分人做不到"唇不点而朱"，那么唇脂就是必不可少的东西，宋朝女子在出行时也不忘带上唇脂随时补妆。

耳环也是宋朝女子梳妆台上的"常客"。有一个小故事，说是宋朝一户人家雇了一个厨娘，后来却发现这是一个男子，原来这个人的父亲从小将他当女子养，让他穿耳、缠足，学习女红、厨艺。众人皆以为他是一名女子。所以穿耳与缠足可以说是宋朝女子的两大标志了。

宋朝女子对妆容的追求一点儿不比现代女子少，有润发用的膏泽，有敷面的"面霜"，也有类似香水的"遍体香"，还有类似洗面奶的"孙仙少女膏"。

陈元靓的《事林广记》中提过"孙仙少女膏"的做法："孙仙少女膏：黄柏皮三寸，土瓜根三寸，大枣七个，同研细为膏，常化汤洗面用，及旬日，容如少女。取以治浴，其功效尤妙。"

这孙仙少女膏是否真的能够让人"宛如少女"，我们不能知晓，不过宋朝女子的审美我们没有办法否认，现在，宋朝的眉形与以"素雅"为核心的化妆理念仍然不落窠臼，备受青睐。

▶ 小知识

雪儿魂在水云乡，犹忆学梅妆。玻璃枝上，体薰山麝，色带飞霜。水边竹外愁多少，不断俗人肠。如何伴我，黄昏携手，步月斜廊。

这是元人李德载所作的《眼儿媚·雪儿魂在水云乡》，这里面介绍的梅妆也是宋代流行的妆容之一。

梅妆就是妇女在眉间点画梅花形的花样。传说苏东坡的妹妹苏小妹额头宽广凸出，苏东坡曾经打趣她道："莲步未离香阁下，梅妆先露画屏前。"

争奇斗艳的妇女发型

　　"足下蹑丝履，头上玳瑁光。腰若流纨素，耳著明月珰。"这是《孔雀东南飞》中刘兰芝的装扮，她穿着丝制鞋子，头上的玳瑁簪子光彩夺目，腰间流苏如潺潺流水，耳边挂着明月珠。

　　簪子是古代女子不可缺少的首饰，镶嵌着玳瑁的簪子只有搭配合适的发型，才能达到最佳的效果。那么宋朝女子有什么样的发型呢？宋代女子的发型随着时间变化而变化，北宋初期流行堕马髻、盘鸦髻等唐朝遗留下来的发型，也有云髻、龙蕊髻、芭蕉髻等自创的发型。

　　在不同的地区流行的发型也不相同，比如在"山深水崄近蛮獠"的西南地区，女子就梳椎髻，这种发型梳起来比较简单。

而京都流行的发型十分繁杂，有些只需要真发就能搞定，可有一些对发量的要求很高，那么宋朝的"秃顶少女"怎么解决呢？自然是用假发。不过只有地位尊贵的贵族女子才能用到假发，因为假发的价格非常昂贵，一般平民百姓消费不起。

朝天髻是宋朝女子最爱的发型之一。朝天髻就是将头发集中在头顶，然后整理分为两束，挽成两个圆柱形发髻，然后将发髻朝前反搭，伸向前额。为了固定朝天髻，还可以在髻下用短簪或者发带等首饰来固定。这种发型有一种端庄高贵的感觉，因此深受贵族女子喜爱。

与"慵来妆"相配的一种发型叫作"懒梳髻"，"懒梳"也就是懒得梳头的意思。这种发型是将假发直接套在头上，简单易行，还节省时间。

爱美的宋朝女子对发髻的追求永无止境，大部分都会喜欢偏大的发髻，头发也越梳越高。她们的审美是发髻越是高大就越时尚，以高为美的风俗一直持续到南宋末年。

宋朝还有一种流苏髻，这种发髻没有一头浓密的头发实在是驾驭不了。《谢氏诗源》曾写道："轻云鬓发甚长，每梳头，立于榻上，犹拂地。已绾髻，左右余发各粗一指，束结作同心带，垂于两肩，以珠翠饰之，谓之流苏髻。"轻云就是发明这种流苏髻的美女，她的头发异常浓密，站在床上头发还会拖到地面，在绾髻之后，会在左右肩上垂下两束头发，然后系成同心结，最后再用金银玑瑁等首饰来装饰。

一般人没有那么多的发量，因此非常流行的高髻大部分都是假发绾成。《靓行词》中写道："朱楼逢靓女，假髻鬟……红颜黛眉，高髻接格妆楼外。"这种高髻在宋朝十分受欢迎，以致很多人都去买高髻，这一点让宋太宗实在忍受不了，于是他下令："妇人假髻并宜禁断，仍不得作高髻及高冠。"

不过这仍旧不能阻止宋朝女子对高髻的热爱，并且这条路行不通，她们会换一种途径，在发髻上面装饰更多的首饰来彰显自己的身份。

再后来，宋仁宗也无法忍受，他下令："凡命妇许以金为首饰，及为小儿铃镯、钗簪、钏缠、珥环之属……非命妇之家，毋得以真珠装缀首饰、衣服，及项珠、璎络、耳坠、头须、抹子之类。"也就是禁止非命妇佩戴这些奢华的金银珠宝。连皇帝都忍不住下令，可见当时奢华现象的严重程度。

有时候宋朝女子会用布帛裹住发髻，叫作包髻，把布帛扎成各种各样的形状会更加好看，而且花费较少，因此比较普及。

如果我们回到宋朝，那么我们怎样选择自己的发型呢？

当我们还是孩童时，会梳儿童发型"博焦"，也叫作"婆焦"。《宋史》中记载："剃削童发，必留大钱许于顶左，名偏顶；或留之顶前，束以彩缯，宛若博焦之妆，或曰鹁角。"也就是只留左侧或前面的头发，其他的头发都剃去，然后将左侧的头发梳成鬏儿，或将额前的头发垂在前面。宋朝女童多梳双丫或三丫髻，头上有两个或者三个发髻，用一条头须勒着，当然头须上面可以镶嵌珍珠或者鱼眼石。南宋苏汉臣《冬日戏婴图》中的一个女孩梳的就是三丫髻，插三支短金钗，系红罗头须，垂着珠宝。

待长成少女后，双髻是最常见的发型。双髻怎么梳呢？首先，将头发从头顶分为左右两股，在头顶两侧分别扎一个结，然后将剩余的头发弯成环状，并将头发梢编到耳朵后面，这样双髻就完成了。这种发型比较简单朴素，非常适合豆蔻年华的少女。

普通的妇女一般不会戴冠，只是梳着普通的发型，也很少戴假髻。

普通的发髻有丫髻，苏轼在《送笋芍药与公择》中写道："弃掷亮未能，送与谪仙家。还将一枝春，插向两髻丫。"丫髻在普通女子间非常流行，也是大户人家丫鬟的首选发型。

螺髻是普通妇女的首选，是一种盘状的发髻，将头发绾成髻，然后盘在脑后或者头顶两侧，像螺壳一样。

贵族女子可选择的发髻就更多了，比如凤凰髻、云鬟、凤髻、龙心髻、宝髻等。当然，假髻是必不可少的，当出席重要场合时，比如参加宫廷聚会，高耸的假髻是首选。这不仅关乎美丽，也关乎家族的地位与前途，不过要是梳的发髻太过高大，可能也会引起皇帝的不耐烦，甚至有可能受到严重警告，因此在选择发髻时也要注意，不要太过引人注目了。

◆ 宋·李公麟《西园雅集图》中的女子

▶ 小知识

轻汗微微透碧纨，明朝端午浴芳兰。流香涨腻满晴川。

彩线轻缠红玉臂，小符斜挂绿云鬟。佳人相见一千年。

这是苏轼所写的《浣溪沙·端午》，在端午时，女子用彩线缠绕玉臂，把小符挂在云鬟上，梳洗时剩下的香粉胭脂随着水流入河中。

云鬟，是宋代妇女最爱的发型之一，它高如云，也用来借指美女。

060

宋朝有哪些首饰

当我们欣赏《清明上河图》时，一定会被里面繁华的商业街所吸引，其中，我们可以看见专门的金银首饰店。除此之外，《东京梦华录》中记载，相国寺内的万姓交易中首饰交易也很常见："相国寺，每月五次开放，万姓交易……两廊皆诸寺师姑卖绣作：领抹、花朵、珠翠、头面、生色销金花样幞头、帽子、特髻冠子、绦线之类。"

每月开放五次的相国寺里首饰交易是必不可少的，在寺边的走廊上都是各个寺院里的尼姑，她们卖刺绣、领抹、花朵、珠翠、头饰、彩色嵌金线的各式幞头、帽子、假发制作的高髻、头冠以及其他的一些首饰。

所以，除了一些经常受到赏赐的王公贵族，大部分人是需要去商业街或者是相国寺采购首饰的。

宋代的首饰种类十分繁多，有发饰、颈饰、面饰，还有耳饰、手饰，与现代几乎没有什么区别，甚至有一些更为精致。

不过有一点不同，在宋代，使用金银、翡翠、珍珠是有严格规定的。

《宋史·舆服志》中记载："其销金、泥金、真珠，装缀衣服，除命妇许服外，余人并禁。"也就是说，只有命妇才有资格佩戴金和珍珠首饰。

同样，翡翠也是如此，宋高宗曾对大臣说："金翠为妇人服饰，不惟靡货害物，而侈靡之习，实关风化。已戒中外，及下令不许入宫门，今无一人犯者。尚恐市民之家未能尽革，宜申严禁，仍定销金及采捕金翠罪赏格。"

不管是金银还是翡翠，在早期都是王公贵族的专享，平民百姓则不允许穿戴，否则就会遭受处分。

这些王公贵族除用这些特享的金器翡翠制作冠之外，还制成了其他的首饰，比如说簪、钗、梳、玉胜、宝胜等。

平民因为无法佩戴金银首饰，都将目光移到了琉璃上面，琉璃可不在禁止范围之内，所以有诗云："京城禁珠翠，天下尽琉璃。"

其中琉璃制作出的簪子十分流行，有琉璃直簪、琉璃方簪、琉璃花筒簪、折股簪、竹节钗簪、花头簪、如意簪等。如此多种类的簪子让人眼花缭乱，换一种材质就可以收藏一批，因此那些王公贵族的簪子的数量恐怕远超我们的想象。

簪子可以做成各种各样的形状，比如瓜果簪，簪首可以做成荔枝、葡萄等；花头簪，包括菊花、牡丹、蜡梅等。唐代诗人刘禹锡在《春词》中写道："新妆宜面下朱楼，深锁春光一院愁。行到中庭数花朵，蜻蜓飞上玉搔头。"说的是花簪制作得很逼真，都能招蜂引蝶。宋代制簪技术更为精湛，还有像喇叭一样的花筒簪，皇室专用的龙凤簪等。

不仅宋朝女子喜欢簪子，它也是男子头上的装饰物。由一句诗"星星鹤发簪霞冠"可以看出，簪子不分男女都会佩戴。

除了簪子，还有宝胜、罗胜等。胜就是用金玉片、宝石、鱼骨等制成的首饰，用玉石雕琢成的玉胜一直都是王公贵族和平民百姓梳妆台上的宠儿。"香缨麝带缝金缕，琼花玉胜缀珠徽。"就提到了宋朝常见的首饰。

除了琉璃首饰，平民百姓也可以佩戴玉制首饰，因为玉也不在皇帝禁止的名单之内。"玉在山而木润，玉韫石而山辉"，用玉石制作的首饰也可以熠熠生辉。

王公贵族自然不会满足于单调的玉石，他们会在玉上面镶嵌金银来彰显自己的尊贵身份，普通百姓只能用素雅的纯玉簪，不过"玉声贵清越，玉色爱纯粹"，纯玉簪也别有味道。

王公贵族的玉石还会请各种名家雕刻，这样才能达到"雕琢复雕琢，片玉万黄金"的程度。

前面我们提到宋朝女子繁多的冠，王公贵族的冠都镶嵌着金银珠宝，冠四周的冠饰有钗以及各种各样的珠宝，有一些还会镶嵌犀牛角。

宋朝女子在何时会收到最多的首饰呢？答案自然是出嫁的时候。

《梦粱录》记载，聘礼要有"珠翠特髻，珠翠团冠，四时冠花，珠翠排环"等首饰，基本上市面上所有的首饰都会配一套，那些贵族女子的聘礼自然更加繁多。

除了金银、翡翠，水晶也是王公贵族专用，"无瑕胜玉美，至洁过冰清"的水晶可以做成簪子，可以镶嵌在冠梳上，也可以雕刻成花朵等。

宋代女子的首饰还包括脸颊上的饰品，比如花饼，还有其他稀奇古怪的面饰。花饼用金箔制成，能够镂空雕刻成各种各样的形状。

《宋史·五行志》中记载："淳化三年，京师里巷妇人竞剪黑光纸团靥，又装镂鱼鳃中骨，号'鱼媚子'以饰面。"这种装扮一度在宋朝非常流行，也受到后宫佳丽的喜爱。

除此之外，花朵首饰也非常普遍，宋朝女子喜欢将花朵簪在头上。

《西湖老人繁胜录》记载："茉莉盛开，城内外，扑戴朵花者，不下数百人。每妓须戴三两朵，只戴得一日，朝夕如是。天寒，即上宅院亦买戴。盆种者，官员馈送诸府第。"

头上戴几朵花对宋朝女子来说是很正常的事情，因此卖花也成了一门生意，王公贵族都能收到各处送来的名贵的花，皇帝也会赏赐御花园中的花给宠臣。

对于宋朝贵族来说，花朵首饰和其他金银首饰一样，一年四季都不可或缺。《梦粱录》记载："四时有扑戴朵花……更有罗帛脱蜡像生四时小枝花朵，沿街市吟叫扑卖。"可见，不同时候都能买到不同的花朵首饰。

宋朝女子还有腕钏、指环、缠臂金等一系列手部的首饰，还有来自西域的瑟瑟珠。《野获编·外国·乌思藏》中记载："其官章饰，最尚瑟瑟。瑟瑟者，绿珠也。"这种碧绿色的进口宝石恐怕只有王公贵族才能一掷千金购买了。

▶ **小知识**

> 黄田港北水如天，万里风樯看贾船。
> 海外珠犀常入市，人间鱼蟹不论钱。

这几句诗选自王安石所作的《予求守江阴未得酬昌叔忆江阴见及之作》。从诗中可知宋朝海上贸易繁荣，海外珠宝从港口入市，流入街市之中。

珍珠，是皇亲国戚最爱的珠宝之一，宋朝皇后妃子的珍珠妆也让人眼前一亮。也正因宋朝海上丝绸之路蓬勃发展，宋朝女子才能结合海外珠宝创造出如此多的妆容。

缠足之风从何而来

宋朝女子对美的追求，除了享受那些华丽的服饰首饰，也有对自己非常残忍的"打造"。

在宋朝之前，"三寸金莲"很少见，而在宋朝，缠足却风靡一时。《宋史·五行志》记载："理宗朝，宫人束脚纤直。"对宫廷女子而言，缠足是成长中绕不过去的一个话题，她们将双足缠得又细又直，叫作"快上马"。

宋朝女子为什么缠足？主要是因为当时男人的审美。他们认为小脚更为吸引人，他们觉得拥有一双小脚的女子弱不禁风，让人产生保护欲，甚至男子在择偶时也将小脚作为标准之一，更何况那些文人墨客写诗歌颂"三寸金莲"，这让缠足成了当时社会的主流。就连苏东坡也曾作过《菩萨蛮·咏足》一词来赞赏缠足："涂香莫惜莲承步，长愁罗袜凌波去。只见舞回风，都无行处踪。偷穿宫样稳，并立双趺困。纤妙说应难，须从掌上看。"可见，纤弱双足一直是主流的审美，连苏轼也不例外。

其实也有人反对这种风尚，宋人车若水就曾说道："妇人缠脚，不知起于何时，小儿未四五岁，无罪无辜，而使之受无限之苦。缠得小来，不知何用。"不过，这种反对却人微言轻。

理学家朱熹是缠足的倡导者。《中华全国风俗志》记载："福建漳州，女子皆小足，必倚杖而行，凡遇庆吊之事，女子偕往。每人皆持一杖，相聚成林。盖初时民俗，淫奔者众，朱文公守漳时，立法命之缠足极小，使不良于行，藉革其浇俗，故成今日之现象也。"朱熹在漳州时，就立法缠足，这让漳州的女子都不能正常走路，甚至需要拄着拐杖。这种损害健康的"美"让我们不敢苟同。

拥有这样一双小脚的人，在穿鞋上面也与别的朝代不同，宋代女子流行穿小头鞋履，最常穿的就是弓鞋。辛弃疾在《菩萨蛮》中就写道："淡黄弓样鞋儿小，腰肢只怕风吹倒。"这种弓鞋小巧精致，只能配"三寸金莲"。缠足需要在很小的时候将脚趾折断，用又厚又长的棉布将脚缠绕起来，直到成型，能穿上这种鞋的女子几乎风一吹就倒。

袜子也被做成了尖头状，这些罗袜、绫袜都是仅供富家女子与王公贵族使用的，袜子下的双足几乎都饱受摧残。

南宋文学家刘过写过一首《六州歌头·美人足》，上阕云："洛浦凌波，为谁微步，轻尘暗生。记踏花芳径，乱红不损，步苔幽砌，嫩绿无痕。衬玉罗悭，销金样窄，载不起、盈盈一段春。嬉游倦，笑教人款捻，微褪些跟。"美人凌波微步，在幽深小径里移动"金莲"，裙下的双足如一钩新月，让人感觉到盈盈春意。

这是宋朝士大夫的审美，宋朝女子也被他们影响，沦为深宅大院里羸弱的女人，没办法像唐朝女子一般翻手为云，覆手为雨。

关于缠足，《南村辍耕录》记载："熙宁、元丰以前人犹为者少。近年则人人相效，以不为者为耻也。"可见缠足也不是从一开始就在宋朝流行的。

刚开始，只是北宋的舞女偶尔缠足，到了南宋初期，缠足已经是一种时尚，在南宋的后期，缠足已经从时尚变成了一代一代传下来的风俗。

当然，贫苦人家的女子是不需要缠足的，否则就不能在田间劳作。只有贵族女子与富家小姐才会在四五岁时被要求缠足，为了迎合男子的审美，她们也是付出了很大的代价。

宋朝女子缠足，不仅改变了自己走路的姿态，还禁锢了自己的思想，有一种性别压迫的感觉。"存天理，灭人欲"的理学的盛行，也推动了缠足的兴起。

当然，缠足也与家庭有关。元代笔记《湛渊静语》记载："宋程伊川家妇女俱不裹足，不贯耳。后唐刘后不及履，跣而出。是可知宋与五代贵族妇女之不尽缠足也。"程伊川就是北宋大理学家程颐，也算是朱熹的师父。宋度宗时，循州军通判程淮就规定家族"妇人不缠足，不贯耳"，用家规来禁止这些妇人缠足，但这样的家族只占南宋的少部分，大部分还是支持女子缠足的。程氏家族直至元代，都坚持不缠足。

到了清朝，统治者极力反对汉人缠足，甚至颁布法律来禁止汉人缠足，但无济于事，因为大部分女子都习惯了缠足。对于她们来说，缠足就像是现代女子穿高跟鞋一样，养成了习惯再改掉就非常困难。

袁枚在《牍外余言》写道："习俗移人，始于熏染，久之遂根于天性，甚至饮食男女，亦雷同附和，而胸无独得之见，深可怪也……女子足小有何佳处，而举世趋之若狂？吾以为戕贼儿女之手足以取妍媚，犹之火化父母之骸骨以求福利也。悲夫！"他认为女子缠足没有任何用处，那些人逼迫自己的女儿缠足，就像是火化自己父母的骸骨来谋求幸福和利益一样，让人感到悲愤。

作为现代人，回过头去看，即使当时的社会都推崇"三寸金莲"，有识之士仍让我们从暗昧中感受到一丝文明的的曙光。

▶ **小知识**

> 屏帐腰支出洞房，花枝窣地领巾长。
>
> 裙边遮定鸳鸯小，只有金莲步步香。

这是李元膺所作的《十忆·忆行》，诗中描绘洞房之中的三寸金莲，有一股暧昧的气息。

南宋的士大夫都将缠足当作自己择偶的标准，甚至把缠足与雍容华贵的洛阳牡丹、名贵的建茶相提并论，认为"近世有古所不及者三事，洛花、建茶、妇人脚"。这三者能够相提并论，可见缠足风尚的盛行。

◆ 宋·王居正《纺车图》中的劳动女子未缠足

第三章

嗟我来京师，

庇身无弊庐

宋朝建房有何习俗与禁忌

房子，自古以来都是生活的头等大事，在宋朝也不例外。

在宋朝，不同级别的人住的房子名字也不一样。如果你是掌权的亲王，那么你的房子可以称为"府"；如果你是一名官员，那你的房子可以叫作"宅"；平民百姓的房子就只能叫作"家"了。

当然，除了称呼有变化，房子的豪华程度也不一样。在宋朝，六品以上的官员可以用"乌头门"，平民百姓则"不得施重栱、藻井及五色文采为饰，仍不得四铺飞檐"，也就是说如果你没有官职，即使再有钱，也不能够将家装修得富丽堂皇。

在宋朝，府的规格也有要求，正常不会超过七间正堂开间，进深也不能超过皇宫的规格。位高权重之人，基本上都会注重这些明面上的讲究，不会僭越。

例如，通过看房子有没有重栱和藻井来判断这户人家的主人或其祖上有没有官爵在身。宋朝"父祖舍宅有者，子孙许仍之"，所以即使你是一介白丁，但是你的祖上曾经出仕过，房子也是可以叫作"宅"的。

宋朝建房子与唐朝有很大的不同，唐朝偏爱古朴大气、高大巍峨的建筑，宋朝却更加热爱精致小巧、搜神夺巧的园林式建筑。

宋朝的皇宫、府宅几乎都是一座座小园林，明代陆容在《菽园杂记》中写道："宋元盛时，习尚繁华。富贵之家，以楼前种树，接各色牡丹于其杪，花时登楼赏玩。"大部分王府和达官贵族的宅邸都是这种风格，他们喜欢购买各种珍贵花木来种植。

南宋丞相赵鼎的住宅里有各种各样的奇花异草。宅子大厅的四个拐角都放置着一个大炉子，每当坐在大堂上时，四个炉子就会焚香，氤氲的烟气汇聚在一起，叫作香云。

宋朝的士大夫大部分都想尽一切办法来装修自己的宅邸，不仅如此，只有一个宅邸是满足不了他们的，他们还会建各种别院，而这些别院则更有园林风味。当时，泥瓦匠、花匠等都是热门职业。

北宋东京有记载的皇家园林就有一百五十多个。我们想直观地了解宋朝的建筑，除阅读各种文献之外，还有一种方式，就是从北宋著名画家张择端的《清明上河图》中一探究竟。

在《清明上河图》中，我们可以看到许多民居、店铺、酒楼，还有城门、瓦舍勾栏，在富裕人家的屋脊上，我们还可以看见鸱吻、脊兽。除了《清明上河图》，张择端还绘制了姊妹篇《西湖争标图》，里面增绘了北宋皇家御园金明池，也叫西湖。在画里面，皇家正在举行三月三日的龙舟竞渡。从这些画中，我们也可以窥探到宋朝的建筑之美。

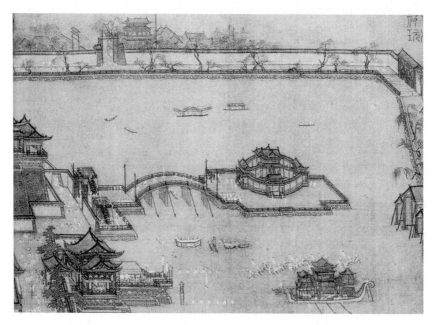

◆◆ 宋·张择端《西湖争标图》

东京商业密集，热闹非凡，甚至可以点外卖。自古至今，这样繁华的地方都是寸土寸金，住房的面积自然都小得不行。即使是达官贵人，也不能随心所欲地建造宽阔的住宅。就连皇帝也不能例外，皇帝想要在首都扩建自己的皇宫，百姓若不愿意动迁，也只能作罢。

宋太宗就因为拆迁涉及面广，不忍拆毁民居而打消了拆迁的念头，他说："内城褊隘，诚合开展，拆动居人，朕又不忍。"拆迁建皇宫这事不了了之。

这样造成的后果就是，宋朝都城的城市规划约等于零，在街上乱搭乱建的现象非常严重。为了节省土地，宋朝的房子也是越盖越高，只有一层楼的商铺很少。

俗话说"宅有五实"，宋人建房也注重这个。《宅经》中记载："宅小人多，一实；宅大门小，二实；墙院完全，三实；宅小六畜多，四实；宅水沟东南流，五实。"宅小人丁却兴旺，房子大门小，院墙完整，水从东南方向流等都是宋人建造房屋时重点考虑的因素。这样的房子受到达官贵人的喜爱，也能卖出一个好价钱。

宋人还认为屋子里面种芭蕉不好，时间长了会生邪祟；门庭之前种桐树，则会妨碍主人；天井内不能种花木。

不过，由于宋朝京城的土地太过紧张，房子与房子之间的间隙很小，甚至没有办法建造围墙，有些因素也不得不被摒弃了。一些有钱人家会选择去郊外建造一个称心如意的府邸修身养性。

宋朝对建筑有很高的质量要求，甚至颁布了《营造法式》作为标准，要是在几年后建造的房屋出现了质量问题，官府是会严厉问责的，杖责还算是轻的，严重的会坐牢坐到怀疑人生。

此外，在宋朝还有"物勒工名"的传统，因为出了事故肯定要有主要负责人，不然找谁问责？所以，那些工匠就会将自己的名字标记在建筑上，逐渐形成了"商标"。这也可以提高工匠的名气。试想一下，若是你建的建筑精美绝伦、质量精良，那么也会有很多人循着"商标"来找你建房子。

因为有了严苛的问责制度和能工巧匠，到今日，还有若干宋朝建筑屹立不倒。

▶ 小知识

> 宋祖凌云九级兴，削藩明代变三层。
>
> 砖砖佛像存王气，犹视中州万里腾。

这首诗描写了建于北宋开宝七年的繁塔，这是东京城的第一座巨型佛塔，整个佛塔一砖一佛，虽然在元代被雷毁去两层，在明代因为"铲王气"仅剩下三层，可依旧屹立不倒，可见宋朝匠人的独具匠心与高超手艺。

◆◇ 一砖一佛

宋朝的宫殿究竟有多么精妙绝伦

提到皇宫，我们脑子里浮现出来的是连绵的宫殿、宏大巍峨的城墙等拥有高超建筑水平的精美建筑。宋朝的皇宫，可以说代表着宋朝建筑技术的最高水平。

如果我们回到宋朝，只能去一个地方观赏的话，可能大部分人都会选择皇宫。我们都很好奇，宋朝的皇宫到底是什么样子呢？

东京，也就是如今的河南开封，公元 960 年赵匡胤通过陈桥兵变黄袍加身后便选择定都于此。虽然后梁、后晋、后汉、后周四个政权曾经定都在这里，但是北宋皇宫最初却只是一方节度使的居所。它的占地面积与前朝的皇宫相比要小得多。前文提到，宋太宗想要拆迁来扩建皇宫却不了了之，所以北宋的皇宫只能往小而精致的路线上走了。

田况的《儒林公议》记载："真宗建玉清宫，自经始及告成，凡十四年。"宋朝的第三个皇帝在建造玉清宫时就耗费了十四年的时间，那建成之后是什么样呢？

据说远远望去，玉清宫碧瓦凌空，闪耀整个京都。虽然有些夸张，但是我们还是能够感受到这份不言而喻的奢华。

玉清宫的大梁所用的木材都是经过精挑细选的，并且全部用黄金来装饰。"天下珍树怪石，内府琦宝异物，充牣襞积，穷极侈大。"全天下最珍贵的东西都被宋真宗放在他的玉清宫里，若是放在现代，这俨然是一个大型的世界级博物馆。

宋朝的皇帝不能满足于这小小的宫殿，既然皇宫旁边不能拆迁，那么只能向郊外拓展了。

张知甫在《张氏可书》中记载："宣和末，都城起建园囿，殆无虚日，土木之工，盛冠古今。有撷芳园、山庄、锦庄、筠庄、寿岳、辋川、华子岗、鹿寨、鹅笼、曲江、秋香谷、檀乐馆、菊坡、万花岗、清风楼等处不可举，皆极奢侈，为一时壮观。"

皇帝要建园林，自然不会吝啬，建成的园林也是整个东京最为壮观的，里面摆放的东西自然也是最好的，据说北宋官窑里能够送到皇帝面前的瓷器都是经过千挑万选的。

通常制成一件皇家的瓷器，需要半年以上的时间。一批次成千上万个瓷器同窑烧制，最后只取最好的一件，剩下的全部打碎。所以，那些宫殿里的瓷器每一件都价值连城。

南宋的行在是临安，也就是浙江杭州。"暖风熏得游人醉，直把杭州作汴州。"这句诗让人很是感叹，虽然人在临安，但是大部分人的心中还是记挂着原先的东京。

当然，南宋皇宫比起北宋并不逊色。《马可·波罗游记》中写道："国王之宫殿，是为世界最大之宫，周围广有十哩，环以具有雉堞之高墙，内有世界最美丽而最堪娱乐之园圃，世界良果充满其中，并有喷泉及湖沼，湖中充满鱼类。"

南宋的皇宫在凤凰山东边，丽正门、和宁门、东华门、西华门四个城门分布在南北东西四个方向。其中丽正门大门朱红，缀着金钉，雕甍画栋，城楼还是皇帝举行大赦的地方。

除了皇宫，宋朝的园林也造诣非凡，其中艮岳就是一个很好的代表。

艮岳又名华阳宫，有"括天下之美，藏古今之胜"的赞誉。与宋朝的皇宫一样，艮岳也不大，约0.5平方千米，但是每一寸土地都是"精装修"。在这里，你可以看见绍兴的鉴湖、杭州的飞来峰、陶渊明笔下的桃溪等。

这些景点是缩小之后建造在一起的，也叫"聚景"。为了不出都城就能欣赏到全国的美景，只要国内有，宋朝的皇帝就敢缩造个迷你版出来。当然，这离不开国库的支持。

此外，这里还堆满了全国各地运送来的奇花怪石。

运送这些东西非常劳民伤财。"载以大舟，挽以千夫，凿河断桥，毁堰拆闸，数月乃至。"也就是要数千个纤夫在岸上拉纤，经过桥梁运不过去就摧毁桥梁，到了闸门过不去，就把闸门扒开，一块石头要历经几个月才被送到汴梁。虽然这里可能运用了夸张的手法，但肯定会让百姓叫苦不迭。

艮岳还有两棵非常有名的桧树：一棵叫"朝日升龙"，一棵叫"卧云伏龙"，这两棵树也是从外地快马加鞭运过来的，只是为了装饰宋徽宗的"小花园"。但是，最后艮岳毁在战争之中了。

宋朝皇家园林虽然小，却聚集了全国著名工匠的心血。后世也建造了很多园林，却很少能够在如此小的地方，合理地安排好每一个景点而不显得拥挤。

这种绮丽细腻的建筑风格，就像是宋朝的女子一样，让人眼前一亮，流连忘返。

> ▶ 小知识

山外青山楼外楼，西湖歌舞几时休？
暖风熏得游人醉，直把杭州作汴州。

这是宋人林升所作的《题临安邸》。青山、高楼层层叠叠的临安城，歌舞醉人。宋朝权贵也沉溺在歌舞美酒之中，似乎忘了收复失地，只剩下了享乐。

也有一些像作者一样的爱国人士看见统治阶层的醉生梦死，生起对国家的担忧之情。

如何在东京买得起一栋房子

在商业配套非常成熟的宋朝，房价自然也是居高不下，那么在宋朝的都城里，如何才能买得起一栋房子呢？

买房的过程自然是非常艰难的，就连"唐宋八大家"之一的苏辙也因为一直买不起房而在京都租房子住，直到晚年才勉强凑够了钱买了一套价格比较低廉的普通住宅，但是他后来嫁女儿时因为缺钱又把房子卖了。

除了苏辙，还有大文豪欧阳修。他曾写过："嗟我来京师，庇身无弊庐。闲坊僦古屋，卑陋杂里间。"他自从来到京城之后，就一直租住在粗陋的小屋子里，到四五十岁才买得起房子，不过他买的房不是在京都，而是在颍州。

难怪宋人感慨："重城之中，双阙之下，尺地寸土，与金同价，非勋戚世家，居无隙地。"

宋朝的官员好几十年也买不起京都的一套住宅，何况平民百姓。皇帝也想方设法解决这一问题，宋真宗咸平年间，朝廷申明禁约："禁内外臣市官田宅（政府出让的公屋）。"宋仁宗天圣七年，朝廷又出台政策："诏现任近臣除所居外，无得于京师置屋。"

这是什么意思呢？在宋朝，房子虽然贵，但还是非常抢手的。虽然平民百姓买不起，可达官贵人、富豪乡绅买得起，越买越多，还能因此操控房价。皇帝这才下令禁止中央和地方的官员购买政府出让的公屋，希望平民百姓能够买到自己需要的房子。

但这样也只是杯水车薪，买不起的还是买不起，买得起的还会买更多套，因此宋朝的朝廷又出台了"第二套房子限购"的政策，也就是达官贵人要是在京都有一套房子，那么就不允许买第二套房子了。

不过政策虽好，现实却很骨感。宋朝京都的房子交通便捷，周围还有不计其数的酒楼瓦舍，以及足不出户就能点到天南海北的"外卖"，大部分宋人都想要在此定居，这里的房价自然也不会大跌。

并且宋朝"贫富无定势，田宅无定主"，一套房子挂出去很快就能卖掉。房子越来越贵，房主也能赚到不少的差价，这也是宋人很有效的一种理财方式。

宋朝的商品经济非常活跃，只要你有足够的钱，不管你是北方人还是南方人，都可以来京都定居，不过外国人例外。

宋仁宗在景祐二年就颁布过这样一条法规："广州每年多有蕃客带妻儿过广州居住，今后禁止广州，不得卖与物业。"皇帝下令禁止将房子卖给外国人，因此外国人要是来到宋朝，买房就别想了，恐怕连租房都不大容易。

这最大的原因还是害怕外国人掌握了国家机密，担心他们是"国家间谍"，学会了中华文化的精华之处，回去对大宋不利。外国人来到大宋不仅会被"馆伴"监视，就连买书买地图，也会被老板拒绝。

在宋朝，一个普通的公务员，需要不吃不喝二百多年才能买得起京都的一套房子。"百官都无居住，虽宰执亦是赁屋。"宋朝的第一个状元杨砺就住在很小很杂乱的小巷子里。他曾担任过开封府事，开封府推官兼右谕德，这好歹也是京都的一个大官，就连皇帝也赞他"裁决轻重，靡不称惬"。不过杨砺却住不起好点的房子。在他去世后，宋真宗非常悲痛，冒着大雨去吊唁，却因为巷子太窄而只能弃车辇改为步行。

像杨砺这样的官员在宋朝有不少，一辈子勤勤恳恳工作却买不起房子。那时并没有"贷款"这一回事，想买房，就只能去借钱凑款，然后"全款"买房，这对每个家庭都是不小的压力。

不过，跟现在一样，宋朝有能力的艺人赚钱买房却很容易。《东京梦华录》记载，东京城内有"大小勾栏五十余座，内中瓦子莲花棚、牡丹棚，里瓦子夜叉棚、象棚最大，可容数千人"。由勾栏瓦舍的数量可知，宋朝人对看戏听曲相当热衷，所以当红艺人的收入也水涨船高。

在宋朝，经商的机会多，成功的商人也能买得起房子。

▶ 小知识

> 我老不自量，筑室盈百间。
>
> 旧屋收半料，新材伐他山。
>
> 盎中粟将尽，橐中金亦殚。

节选自宋朝苏辙的《初筑南斋》。苏辙和苏轼都是苏洵的儿子，苏家也算是官宦家庭，但是苏洵买房都是靠借钱的。

苏辙也买不起房子，还因此被儿子们抱怨。他的哥哥苏轼也是如此，年近五十才七拼八凑买了一套房子。从这父子三人的遭遇来看，在宋朝买房实在是太难了。

宋朝的房租高不高

在东京买房对于绝大部分人都是遥不可及的目标，既然买房行不通，那就只能租房住了。那租金高不高呢？

宋仁宗时期的翰林学士就发过这样的感慨："任京有两般日月：望月初，请料钱，觉日月长；到月终，供房钱，觉日月短。"每个月盼望发工资和补助时，日子总显得格外漫长；而到每个月月底交房租时，却觉得时间飞逝。连这一类顶尖知识分子都觉得交房租的日子太过煎熬，可见宋朝京都的租金应该也不是普通人能负担得起的。

前面说了房价很高，如果房租也高的话，百姓岂不是无房可住了？

所以，随着宋朝租房一族数量的增多，宋朝朝廷也采取了不少措施来调控房屋租赁价格，经常发布法规来减免房租，比如说大中祥符五年的正月，皇帝下诏："以雪寒，应店宅务赁屋者，免僦钱三日。"在天寒地冻的时候，居住在廉价出租屋的百姓收到这样的诏令，应该会感激涕零，叩谢皇恩。

宋高宗在位期间，还曾经下令公屋和私人住宅的租金都减免一半，后来的皇帝也下过不少减免租金的诏书。周密在《武林旧事》中就曾写道："若住屋，则动蠲公私房赁，或终岁不偿一镪。"临安人若是住在公屋，可能一年都不用交房租，可见宋朝朝廷对租房一族的体贴。

宋朝的"店宅务"是一个负责房产管理的机构，管理着大量的廉租房，其中有人负责去收房租，有人负责去修缮破败的屋子，还有人每天去自己负责的区域看看房子，这是一个有趣的部门。《续资治通鉴长编》说店宅务"以所收钱供禁中脂泽之用，日百千"，也就是说皇族是"包租婆""包租公"，把房租都拿来供养皇帝的后宫佳丽。

而"廉租房"应该是普通百姓可以租得起的房子了。如果你是一个普通的手工艺者，那么廉租房的月租大概只有你月薪的三分之一到二分之一，还算在能够承受的范围内。如果你是一个小官，又或者是高级打工仔，那么廉租房的租金就少到可以忽略不计了。

不过如果房租过于低廉，那么环境可能就不是那么好了，欧阳修就有诗云："邻注涌沟窦，街流溢庭除。出门愁浩渺，闭户恐为潴。"下雨天房子四周积水严重，可见租房一族的生活还是非常艰苦的。

房租在不同时间也不一样，每当科举时，京都的房租都要涨不少。据《梦粱录》记载，北宋有一个监簿小官，有两套房子租给考生，每天房租达几十缗。而贡院附近只能放一张床的"鸽子笼"，日租金也达"数十楮"。就连苏东坡这样的官二代也租不起市中心的房子，只能住在郊区。

除了租政府的"廉租房"，普通人租房子大部分都会通过"庄宅牙人"，也就是房屋中介。

如果你初到京都，想尽快找到安身之所，那么最快的一个途径就是找庄宅牙人。他们手上有大量的房源信息，会帮你拟好合同，与房东交流，并且摸清租赁双方的底细，从而让合作愉快。

在庄宅牙人的指导下签合同还是比较靠谱的。宋朝的租房合同条款比较偏向租房者，比如说房东不能随意增加房租，这可是皇帝亲自下诏规定的，也不能以各种奇奇怪怪的理由赶人，并且要承担修缮屋子的责任，要是租客自己修补，退租之后可以将所用物料带走或者由房东折现。但是，也规定租客不能再将屋子转租。

当然，"牙钱"，也就是中介费，是必不可少的。

要想赚到房租，就得找到一份工作，这中间也少不了"雇觅牙人"的疏通，孟元老的《东京梦华录·雇觅人力》就记载："凡雇觅人力、干当人、酒食作匠之类，各有行老供雇。"他们可以通过信息差，来帮助双方找到合适的工作（工人）。

因此，我们若是回到宋朝，要想存活下来，首先要找的就是各行各业的"牙人"，包括"庄宅牙人""姻缘牙人"等。"牙人"相当于我们现在的中介，找他们办事，受骗的概率会小一点儿。

在宋朝，很少有人会因为租房而感觉自己低人一等，毕竟从普通官员到宰相，很多人都在京都里租房子住。不仅如此，政府官员一住廉租房就住一辈子的人也不少，他们抱怨也无济于事。

宋朝的城市居民被称为"坊郭户"，其中没有房产，只能租房子住的叫作"客户"；有房产的叫作"主户"。靠收房租来赚钱的人，则叫作"掠房钱人"，也就是现在人们口中的房东。

在宋朝租房还是比在唐朝方便一点儿，毕竟在唐朝需要街坊邻居签字画押，才有人肯租房给你；在宋朝，只需要带上足够的钱，和房东签了合同之后就可以直接入住了。

因此，若是回到宋朝，我们即使买不起房子，自食其力租个小房子还是能够实现的。

▶ 小知识

凡典卖物业，先问房亲；不买，次问四邻。其邻以东、南为上，西、北次之，上邻不买，递问次邻。四邻俱不买，乃外召钱主。

这是宋朝对买卖房屋的规定，卖房子的时候先问问自己的亲属和邻居要不要买房，要是他们不买你才能卖给别人。

在宋朝一个普通官员需要不吃不喝几百年才能买得起房子，所以还是租房更受宋人欢迎。

从《清明上河图》来看宋朝都城布局

　　如果我们能回到宋朝鸟瞰都城的话，一定可以看到这样的场景：北宋开封城分为宫城、内城、外城三重，"一城套一城"，宫城位于最核心的位置，并且是长方形或者是类似长方形的结构，园林围绕，依山傍水。

　　东京与临安，可以说是当时世界级的大都市，那它们究竟是怎么吸引那么多人的目光呢？我们可以从《清明上河图》来看宋朝都城的布局。

　　《清明上河图》画的是北宋都城东京的东南一角。假设我们现在来到画中，随着画面从右向左来游览，那么我们首先看到的是什么呢？

　　我们正赶着小毛驴走在东京城郊的农村里，这里万物复苏，冰雪消融，隔着河渠可以看见若隐若现的乡村小屋。走过小桥，我们看见了一个搭着凉棚的脚店。

据《东京梦华录》记载，宋代酒类专卖制度下，直属酒务、取得官方酿酒许可、经营正规的餐饮机构称为"正店"；不隶属酒务、规模小、从酒务批发酒进行零售的店叫"脚店"。这里有宋人餐桌上必不可少的茶与酒，也会有一些必要的食物供人补充体力。

东京的郊外柳林茂密，有出城的队伍，有在柳荫下卧着的黄牛，也有农民在挑水浇菜，还有人在扫墓。

我们接着往前走，就可以看见汴河两岸的风光。汴河穿城而过，上面舟楫相竞相争。汴河是北宋京都的命脉，就像宋人张洎所说，京师惠民、金水、五丈、汴水四渠，"唯汴水横亘中国，首承大河，漕引江湖，利尽南海，半天下之财赋，并山泽之百货，悉由此路而进"。

沿着汴河，我们就能横穿整个东京。汴河从外城的西水门入城，然后到达内城水门，接着横穿宫城，然后再出城。

因此，想要完完整整地游览汴梁，却又不认识路的朋友，跟着汴河走就对了。

汴河边杨柳垂地，风景甚好。河岸上靠着两艘多桅大船，老板正坐在麻袋上指挥伙计卸货。这时候已经渐渐热闹起来了，我们能够看到入城的第一条街。

在街口，沿途的商铺开门迎客，有酒馆、包子铺，还有王家纸马这种卖纸人纸马的铺子。汴河上还停着客货混装的大船，船上站着形形色色的人，有一些和我们一样，都是初次来到东京，好奇地向周围张望。

这时候，繁华的东京才真正拉开了帷幕。

《东京梦华录》记载："自东水门外七里至西水门外，河上有桥十三，从东水门外七里曰虹桥，其桥无柱，皆以巨木虚架，饰以丹腹，宛如飞虹，其上下土桥亦如之。"虹桥，是东京城外最繁华的桥。在这里，你可以看见稠密的店铺，以及来来往往沿桥叫卖的小贩，骑马过桥的公子，推车、赶驴的老汉，南来北往的人在桥上与我们擦肩而过，汇入人潮之中。

继续往前走，你还可以看见一些算命摊。在一棵盘根错节的老柳树下，有一个竹席搭起来的小铺子，上面写着"神课""看命""决疑"。在东京，这样的算命摊有近万家，因此走一段路看见一家算命摊也不稀奇。

在宋朝，你可以用纸币"交子"结款，不用驴驮车载着一袋袋重量十足的金属币出行了。交子由国家统一发行。

◆◆ 交子

此刻，我们抬头看，还能看见寺庙与佛塔。再往前走，终于到了城门楼，城楼气势磅礴，城墙上长满了郁郁葱葱的老树，这里是内城墙，走过去，就是内城了。进了这个城门之后，我们就可以看到《东京梦华录》记载的那样："沿城皆客店，南方官员、商贾、兵级皆于此安泊。"

如果说刚才热闹的虹桥是开胃菜，这里就是大餐了，内城自然就是真真正正的"市中心"了。

我们继续往前走，一支骆驼队伍也在出城，比肩接踵的人流将我们裹挟着往前。在城墙脚，还有乞讨的小孩与老人，不过一路上川流不息，基本没有人会驻足。

此刻，我们已经进入市中心，在这里有叫"孙羊店"的正店，门檐下缀满了绣球与灯笼。若是晚上来，我们应该可以看见莹然的灯烛，流光溢彩，恍若白昼。但是现在，我们只能隔着窗户看里面的客人推杯换盏，还有杯盘狼藉的桌子。如果你想进去小酌一杯，那么势必要带足交子或者真金白银，否则是没办法去这种高档酒楼消费的。

沿着街走，勾栏瓦舍、酒楼茶馆、各式各样的饭店，还有肉铺、当铺，令人目不暇接，小贩、挑夫、吆喝的店小二都在忙忙碌碌。我们甚至还能看见金发碧眼的外国人和背着竹篓的行脚僧。

这里还有叫"赵太丞家"的医院。还有达官贵人的府邸，我们似乎还能看见围墙上"春色满园关不住，一枝红杏出墙来"的景致。在府邸的门口，你或许还能看见提着外卖跑腿的，又或许能够看见迷失在东京城中的路痴，还有刚刚演完傀儡戏的戏子正疲惫地回家。

我们无法进入位于核心地段的宫城，因此，这场游览也就到此结束了。

跟随着《清明上河图》，我们可以粗略地了解东京的布局，我们完成了一场跨越古今的、让人流连忘返的旅行。

▶ **小知识**

> 天街极目如平水，胡人走马天街里。
>
> 南宫宴罢晚色深，宿雨初干尘不起。

节选自宋朝孔武仲写的《胡人走马行》。其实，在宋朝，来往东京的外国人大部分都是携带本国的珍品来进贡的，但也有人冒充使者"私与商贾牟利"。为什么他们要偷偷摸摸的呢？原因便是宋朝朝廷严禁外国人在市场上自由贸易。为了防止他们掌握宋朝机密，将其带回本国，朝廷对外国人做了最严苛的限制。

宋朝的拆迁与室内装修

在宋朝，皇城根下的老百姓也会遇到拆迁这种事，那么拆迁究竟能不能让宋人一夜暴富，从而走上人生巅峰呢？

宋朝人遇到拆迁时收到的补偿是一笔巨款。前面我们曾经提到过宋太宗因为"内城偏隘，诚合开展，拆动居人，朕又不忍"而没有坚持拆迁，其实除了不忍心让百姓搬迁，最重要的原因是拆迁款太高了，连皇帝也要斟酌一番。

宋朝的都城面积只比唐朝都城面积的一半多一些，但都城人口却比唐朝多，常住人口有一百多万人，这人口密度在当时的世界恐怕也是数一数二的。为避免火灾频发，拆除一些杂乱的建筑也是城市化进程必不可少的一步。

元丰六年，开封府的一个官员上奏皇帝，希望将京城城墙三十步内的房屋拆迁。我们都知道挨着皇宫的地段应该是市价最高的地方了，当时拆迁的补偿政策就是拆迁的房屋根据原契，按照当时的市场价一分不少地补偿给百姓。有史料记载，在北宋后期京都的一套好一点儿的房子要万贯以上，就是最便宜的房子也要一千多贯，当时的房价还没有高到离谱。

这一次皇宫附近地段的大拆迁："其百姓税地并舍屋共一百三十户，计直二万二千六百余缗，已牒将作监讫。"一缗也就是一贯。拆迁款虽然高，但还不能让这些拆迁户从此衣食无忧。

有些拆迁，政府不仅"即修盖屋宇，依旧给还民户居住，委实利便"，而且"凡民居所占，以隙地偿之，每楹赐钱十千，为改筑之费"。也就是既盖了房子给拆迁后无家可归的拆迁户住，还给他们每间房子十千的重建费用。这种补偿方式可以说是非常人性化了。

这种建房子的安置方式由一个叫"将作监"的机构负责，而给钱的安置方式则是由一个叫"提举京城所"的机构负责。在宋朝，拆迁有严格的规定与执行方式。

在宋朝，官员若为了政绩而强拆，从而导致民怨沸腾，必会受到朝廷惩罚。有大臣上书皇帝："私酒及私曲之禁，盖有成法，未闻有糯米之禁，其罚至于毁拆舍屋者……毁及拆犯人舍屋，必罚无赦。"

就连皇帝也不忍心强拆，宋高宗就曾经阻止临安府拆掉寺庙建行宫，《宋会要辑稿》中记载，高宗说："僧家缘化，营葺不易，遽尔毁拆，虑致怨嗟。……但给官钱随宜修盖，能蔽风雨足矣。"僧人不易，若是强拆肯定会遭受怨恨，皇帝因此也放弃拆迁了。

据历史记载："行都人多易贫乏者，以其无常产，且夫借钱造屋，弃产作亲，此浙西人之常情，而行都人尤甚。"不仅是临安人，大部分宋朝人都有一种执念，即使身无分文，也要借钱来建屋子。

自古以来，在得到一套新房子之后，最重要的一件事就是装修房子，宋朝人也不例外。

在宋朝，家具行业的发展可以说是一个巅峰，家具种类繁多，有桌椅、屏风、梳妆台、箱柜等。并且，宋人"家有百千，必以泰半饰门窗，具什器"，也就是身家的一大半都会拿来装修屋子。

不过这还不是最离谱的，临安人"或借债等得钱，首先饰门户，则有漆器装折，却日逐籴米而食；妻孥皆衣敝衣跣足，而带金银钗钏，夜则赁被。似此者非不知为费，欲其外观之美，而中心乐为之耳"。临安人即使晚上租被子睡觉，老婆孩子都没有像样的衣物，也要将家里装修得豪华舒适，这可以说是打肿脸充胖子的极致了。

提到古代的装修，不得不提屏风。在宋朝，屏风有木屏、石屏、玉屏等。还有一些创意屏风，如各种名人题字的屏风，这在宋朝可是时尚的风向标，只要能够得到大家的题字，连陋室都会熠熠生辉。屏风，就如"六曲连环接翠帷，高楼半夜酒醒时。掩灯遮雾密如此，雨落月明两不知"所描绘的一样，有一种隐秘雅致的美。

那么，宋人一般会怎么装修自己的房子呢？

首先，家具必不可少，那些桌椅床几都得买回来一套，除此之外，还有被褥、枕席、灯具、蜡烛、唾壶、溺器、暖水瓶、地毯等必备的基础家当。

如果没钱可以用砖铺地，有钱就可以用木地板铺地，上面还可以铺上地毯。

在摆放好基础家具之后，一般宋人都会焚香、插花、挂画，营造一种闲情雅致的氛围，这也是室内装修的一部分。

◆◆ 宋·刘松年《西园雅集图》中的庭院装饰

宋人都喜欢光线充足的房间，因此隔墙非常少，大多都用屏风和帷幔代替，这样大厅才更亮堂。

从宋人李诫写的《营造法式》中可以更具体地看出宋人的装修风格。总的来说，宋人在服饰和妆容之外，在装修上也追求细腻温婉的风格。

▶ 小知识

> 香钿宝珥，拂菱花如水。学妆皆道称时宜，粉色有，天然春意。蜀彩衣长胜未起，纵乱云垂地。　都城池苑夸桃李，问东风何似？不须回扇障清歌，唇一点，小于珠子。正是残英和月坠。寄此情千里。

这是词人张先专门为李师师写的《师师令·香钿宝珥》，词牌令是新创的。词中描写了一个皮肤晶莹剔透，头发乌黑亮丽的美女——李师师，就连宋徽宗也为她神魂颠倒。

而李师师装修房子，喜欢"四壁挂山水翎毛"。和她一样，大部分宋人都喜欢在墙上挂山水画，追求一种有书卷气的装修风格。

第四章

胜日寻芳泗水滨，

无边光景一时新

宋人如何出远门

如果我们回到宋朝，想要出一趟远门可不是那么容易的。那时候没有飞机、火车这些交通工具，出门远行，不仅要准备充足的盘缠，还要经过几个月甚至几年的长途跋涉。

首先，我们出门前最好和父母达成一致意见。"父母在，不远游，游必有方。"如果父母没有表示明确反对，我们就可以着手收拾行囊了，换洗衣物与盘缠必不可少，当然药物也是要带的。

在宋朝，医疗系统肯定没有现代这样发达，一场伤风感冒就可能要了人的性命。在前不着村后不着店的荒郊野外，如果没有带一点药材，这旅途或许就可以提前画上句号了。

董汲在《旅舍备要方》中写道："况宦游南北，客涉道途，冒触居多，邪气易入，方药备急，尤当究心。且如触寒心痛，冒热中暍，厥风涎潮，伏暑霍乱，急病急治，方可安全。"在宦游南北的过程中，一些治疗中暑、霍乱、斑疹的方子最好随身携带，这是宋人的常识。

一切都准备就绪后，我们还不能直接背上行囊来一场说走就走的旅行，因为宋人在出行前需要祭行神。在祭祀之后，还须与亲朋好友告别。他们可能会"持金赠行"，也就是给你路费，又或是题送别诗。送行大多是难舍难别的场面，因为宋朝人出一趟远门的时间实在是很长。

告别之后，我们终于可以踏出第一步了。这时候我们应该选择什么样的交通工具呢？

如果家境优越，我们可以选择昂贵的交通工具，比如说马。马在宋朝很稀有，因为宋朝没有适合养马的地方，所以无法大规模养马，每年都要从西夏或辽那里进口马，这样一来，能骑得起马的自然不是一般人家。

不过，骑马只有在砖石路上才比较便捷，要是在泥土路上骑马，一下雨就容易陷进去。所以，在京都"百官出入皆乘马"，而在郊外，即使皇帝下令"堑官路两旁，阔五尺，深七尺……以泄水潦"，下雨天还是难以行路，所以驴车与牛车才是主流交通工具。

宋朝对驿路的建设颇费心思，驿路也就是官方大路，几乎都"用石板筑砌"，这样一来，那些需要快马加鞭送到皇帝手中的书信才能一路畅通无阻。修路，也是地方官员政绩的一种表现。

不仅如此，我们还能在官道旁边看到一排排柳树、红杉等，这是官道显著的标志。当然种树也是为了防范沙尘，不过效果并不明显。一个叫陈与义的诗人就曾作诗道："杨柳招人不待媒，蜻蜓近马忽相猜。如何得与凉风约，不共尘沙一并来。"因此，你要是骑马走在官道上，一天下来灰头土脸少不了，想要做到"陌上人如玉"还是有点难度的。

当我们走在驿路上的时候，如果前面来了一辆车，那么应该谁先行呢？

《大阳堨石刻》记载过宋代官道上的一石堨，上面刻有"贱避贵，少避长，轻避重，去避来"等字。

堨子相当于宋朝的"交通标志"，有里堨、界堨等。里堨一般为五里、十里立一堨，这样走在路上，人们才能清楚明白地知道自己走了多少路。

如果路过蜀地，官员、学子大多会去祭拜梓潼帝君。《铁围山丛谈》中记载："长安西去蜀道有梓潼神祠者，素号异甚。士大夫过之，得风雨送，必至宰相；进士过之，得风雨则必殿魁。自古传无一失者。"传说梓潼帝君在封神之前叫张亚子，晋人。封神后他负责掌管人间功名、禄位，在路过他的祠堂时，如果士大夫得风雨相送则一定会官至宰相，进士则一定会在殿试上夺得魁首。

宋朝吴自牧在《梦粱录·外郡生祠》中记载："梓潼帝君庙，在吴山承天观，此蜀中神，专掌注禄籍。凡四方士子求名赴选者悉祷之。封王爵曰惠文忠武孝德仁圣王。"

在宋朝，造船业非常发达，不管是海船还是江河船、湖船，制作水平都异常高，这得益于当时四通八达的水路网。乘船可以大大缩短旅程，还能够领略岸边的美景，岂不是一件乐事？

◆◆ 宋·张择端《清明上河图》中的船只

《梦粱录》里记载："杭州左江右湖，最为奇特，湖中大小船只，不下数百舫。有一千料者，约长二十余丈，可容百人；五百料者，约长十余丈，亦可容三五十人；亦有二三百料者，亦长数丈，可容三二十人。"

数百只船停靠在杭州湖边，这场景实在是让人叹为观止，更何况有的船只"船形制圆短，如三间大屋，户出其背，中甚华饰，登降以梯级"。

这样豪华的配置，让乘船出行不仅便捷，还舒适无比。因此，在出远门的交通工具的选择上，船绝对是宋朝人的首选。

绮寮缥缈敞虚明，鹄峙鸾停护碧城。

珠蕊一枝春共瘦，玉环双佩月同清。

曾题洛赋缄新意，却拊湘弦寄远情。

十二阑干风细细，觉来依约记棋声。

这首诗是葛起耕所作的《记梦》。在宋朝，由于封建礼教的管束，女性走路不能露出脚，诗中"玉环双佩月同清"就描写了妇女裙边挂着两块玉佩。这玉佩是用来压住裙摆的，让女子在行走的时候"纤纤作细步，精妙世无双"。到了南宋，女性陆路出行不能够再骑乘，可以乘坐轿子等。

◆ 宋·张择端《清明上河图》中的女人乘轿

旅游家——宋朝知名职业

　　宋朝的旅游业十分发达，《梦粱录·观潮》记载："临安风俗，四时奢侈，赏玩殆无虚日。"临安的风俗是一年四季都游玩，没有一天能荒废，士大夫尤甚。

　　我们所熟悉的欧阳修、范仲淹、苏轼、陆游、朱熹等都是知名的旅游家。晚年的陆游还编著了《剑南诗稿》和《渭南文集》来描绘自己的所见所闻，他曾经游历过四川和陕西的大部分地区。除陆游之外，写旅行见闻的不在少数。从他们数不胜数的题记和行记就可以看出，这是一群热爱旅行的人。

　　在宋朝，"列郡以京官权知，三年一替"，也就是说知州不用武将，又不能常任。这样一来就不会形成盘根错节的地方关系网。这些士大夫的官职经常调动，那么，在赴任的过程中，就可以领略沿途风景了。我们如果回到宋朝，即使踏上仕途，也可以云游四方。

那宋朝人对哪种旅游比较热衷呢？

赏花肯定榜上有名，当洛阳牡丹盛开时，"都人士女必倾城往观。乡人扶老携幼，不远千里。其为时所贵重如此"。这简直到了万人空巷的程度。

在宋朝四处旅行，不仅要带充足的盘缠，通行证也是必不可少的。通行证也就是公凭、公据、公移。因此，我们想要在宋朝随心所欲地旅游，一定要先去自己的户籍所在地申请证明。

要证明自己的身份，这时候需要将自己家族的族长，又或者是有头有脸的乡绅请来做证，然后将自己旅行的目的地、沿途经过的地方、和谁同行一一说清楚，甚至随身携带的东西也要说清楚，比如骑了几匹马等。

你可能会想，怎么这么麻烦，能不能伪造一个呢？

答案是不能，因为这上面有县衙的签字，可能还盖了公章，而且每一个官员在上任的时候就将自己的签名发给周围的几个县，想要伪造简直是天方夜谭。

不过皇帝也曾下诏"居作一年，即听附籍"，宋朝对迁徙户还是非常宽容的，居住满一年就可以拿到附籍了。

拿着通行证，要先去每个县衙申报，县衙签字、盖章后才能向下一个目的地进发。而县衙之所以给你签名，那自然是比对核实过之前的通行证，确认后才给你通过。

除了赏花，坐船看景也是宋朝人旅游的一种。

旅客坐船需要选择官渡，或者是民间承包的渡船。要是一不小心坐上了没有营业许可的私渡，接下来的一切都可以"随缘"了，可能会遇到强盗劫匪，还可能因为船长技术水平不达标而葬身鱼腹。

所以，在旅游时，一定要选择可靠的官方渡船，这样才能安全地去看宋朝的大好河山。

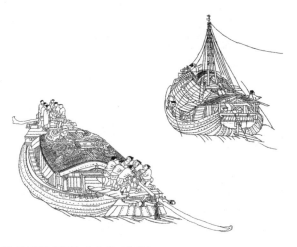

◆ 宋·张择端《清明上河图》中的船（临摹）

宋朝的知名旅行家苏轼，虽然在仕途上不如意，但是遍访名川，几乎走遍了宋朝大半个疆域。他在岭南惠州时，写了一首《惠州一绝》："罗浮山下四时春，卢橘杨梅次第新。日啖荔枝三百颗，不辞长作岭南人。"岭南荔枝一时间闻名天下。

苏轼不仅是旅游家，还是美食带货专家。到海南岛时，又发现了生蚝这种美食，还写信给儿子："己卯冬至前二日，海蛮献蚝。剖之，得数升。肉与浆入水，与酒并煮，食之甚美，未始有也。又取其大者，炙熟，正尔啖嚼……每戒过子慎勿说，恐北方君子闻之，争欲为东坡所为，求谪海南，分我此美也。"意思是，这生蚝非常美味，千万不要让那些北方人知道了，万一他们因此而来海南抢美食就不好了。

欧阳修也非常痴迷旅游。"凡洛中山水园庭塔庙佳处，莫不游览。"只要遇到山水园林、佛塔寺庙，欧阳修都会游览一番，也写出了《醉翁亭记》这样千古流传的诗篇。

在宋朝，旅游的阻碍大大减少，比如交通相对前朝不再闭塞，盘缠携带更为便捷等。我们如果回到宋朝，也可能成为旅游家。

▶ **小知识**

> 楼上正临官外，人间不见仙家。
>
> 寒食轻烟薄雾，满城明月梨花。

这首诗是沈括所作的《开元乐》。轻烟袅袅，薄雾弥漫，站在楼上，能看见满城的明月与梨花。

《宋史·本传》中对沈括有所描述："博学善文，于天文、方志、律历、音乐、医药、卜算，无所不通，皆有所论著。"这样一个学富五车的人也是一个旅游家，他在年轻时随着父亲环游南北，后来还出使辽国。这样丰富的经历让他写出了"中国科学史上的里程碑"——《梦溪笔谈》。

宋朝的"高尔夫"与"足球"

　　宋朝的吃喝玩乐一直走在世界前端，特别是汴梁与临安这种国际大都市，体育运动也处于巅峰。你能想象宋朝就有"高尔夫"与"足球"吗？

　　实际上，在宋朝甚至更早，就有了"高尔夫"这项运动，那时候还叫"捶丸"。捶丸在宋朝发扬光大，甚至连宋徽宗也对它青睐有加。

　　《丸经》中记载："天朗气清，惠风和畅，饫饱之余，心无所碍，取择良友三三五五，于园林清胜之处，依法捶击。"首先，要选择一个山清水秀的地方，在惠风和畅的时刻玩"捶丸"。然后，选择打第一杆球的地方，要"纵不盈尺，横亦不盈尺，择地而处之"。接着，就可以用球杖打球了。

不过，与现代高尔夫球运动不一样的是，宋朝人"捶丸"的场地较小，并且对环境的追求超过了对球技的要求，也就是图一个雅兴。

要是我们回到宋朝，喜欢高尔夫球运动的朋友可以玩"捶丸"；如果你喜欢足球，也很容易找到球友。

足球，在宋朝被叫作"蹴鞠"，当时可以说是风靡全国的运动。宋朝的官宦子弟与平民百姓都会踢上几脚。

那时候的"蹴鞠"与我们现在的足球形状及材质都非常相似，南宋江少虞在《宋朝事实类苑》中就写道："（从前的）蹴鞠以皮为之，中实以物，蹴蹋为戏乐也，亦谓为球焉。今所作牛彘胞，纳气而张之，则喜跳跃，然或俚俗数少年簇围而蹴之，终无堕地，以失蹴为耻，久不堕为乐，亦谓为筑球鞠也。蹴，陈力之事，故习蹴鞠，乃习射之道。"

那时候的蹴鞠是空心皮质的，一群少年围着踢，不能让球落地，持续的时间越久，就代表踢球技术越高。

那么宋朝的足球规则与现在有什么不同呢？

宋人蹴鞠有两种方式，一种叫"白打"。白打，也就是不分胜负地打，两支球队派出数量相同的队员，在场上轮流表演，用身体的各个部位顶球，但不能用手。与其说是踢足球不如说是足球杂技，这种打法不设球门，也就是没有输赢。当然，你要是将球落在地上，也会引起嘘声一片，因为这种打法的最主要一点就是球不能落地。

队伍的人数不同也有不同的名字。在宋朝，两人上场称为"打二"，也叫"二人场"，三人上场称为"转花枝"或"小官场"，四人场叫"流星赶月", 五人场叫"小出尖", 六人场叫"大出尖", 七人场叫"落花流水", 八人场叫"八仙过海", 九人场叫"踢花心"。这些名字奇奇怪怪, 但也反映出宋朝蹴鞠比赛的形式多种多样。

◆ 宋·苏汉臣《宋太祖蹴鞠图》

白打是炫技的一种好方式, 南宋诗人陆游在《晚春感事》也写到蹴鞠: "蹴鞠场边万人看, 秋千旗下一春忙。"一场比赛有万人观看, 那时候能够一鸣惊人也是非常值得高兴的事。而且在宋朝, 不只是男子, 女子也热爱蹴鞠, 连后宫佳丽与宫女平时也会踢球打发时间。

另一种就是"筑球", 这种打法有球门, 球门也叫作"风流眼", 高约三丈, 宽约一丈, 也分为两个队, 两队穿着不同颜色的衣服在场上驰骋击球或踢球。

在宋朝每年都有这种蹴鞠公开赛，这对蹴鞠爱好者来说是天大的好消息。

若说宋朝热爱蹴鞠的皇帝，那可真是不少，最早的一位便是赵匡胤。西汉刘向《别录》中记载："蹋鞠，兵势也。所以练武士，知有才也，皆因嬉戏而讲练之。"戎马一生的赵匡胤在军队里经常与士兵以蹴鞠为乐，即便后来当了皇帝不方便去军营，他仍在宫里举办大大小小的比赛，和大臣们玩得不亦乐乎。

宋徽宗也是如此，《宋朝事实类苑》中就写道："今圣精敏此艺，置供御打球供奉，亦犹唐有后园小打球官也。"

皇帝喜欢蹴鞠，踢得好的人就非常容易受到宠信。《宋史》记载，张明因为蹴鞠水平高而得到宋太宗喜爱，高俅用蹴鞠接近宋徽宗，从此飞黄腾达。

在宋朝，蹴鞠是一项主要的休闲活动，不管是皇帝，还是才子佳人，都对此颇有研究。宋朝词人周彦质曾写道："名园蹴鞠称春游，近密宣呈技最优。当殿不教身背向，侧中飞出足跟球。"

在春游期间，除了游山玩水，也可以找块空地来一场蹴鞠比赛。

如果你踢足球只是为了休闲娱乐，那么踢得一塌糊涂顶多遭受嘲笑，但是你要是成了大宋的职业球员，就不会这样轻松了，输了球不仅脸上会被涂白粉，甚至还可能挨鞭子。

因此，要是回到宋朝，选择做业余队员还是职业球员得好好掂量掂量。

见端王头戴软纱唐巾，身穿紫绣龙袍，腰系文武双穗绦，把绣龙袍前襟拽扎起，揣在绦儿边，足穿一双嵌金线飞凤靴。三五个小黄门，相伴着蹴气球。高俅不敢过去冲撞，立在从人背后伺候。也是高俅合当发迹，时运到来，那个气球腾地起来，端王接个不着，向人丛里直滚到高俅身边。那高俅见气球来，也是一时的胆量，使个"鸳鸯拐"，踢还端王。

这是《水浒传》中描写高俅与端王（宋徽宗）踢足球的句子，高俅用一招"鸳鸯拐"俘获了端王的心，什么是鸳鸯拐呢？

这是一种先后用左右外脚踝连续踢球的花样动作，直接将球踢走，这个动作难度还是很大的。

高俅，刚开始只是苏轼身边的小吏，因善蹴鞠，获宠于端王赵佶，这可是真真正正靠足球升官发财的"大宋球星"。

宋朝的小孩有什么玩具

在没有游戏机、电脑、电视机的宋朝，小孩子究竟在玩什么呢？其实宋朝玩具的种类也是让人眼花缭乱的。

小孩周岁时，要进行抓周，抓周时桌面上是一定会出现玩具的。

《梦粱录》中记载，抓周时摆放的东西有"顿果儿饮食，及父祖诰敕、金银七宝玩具、文房书籍、道释经卷、秤尺刀剪、升斗戥子、彩缎花朵、官楮钱陌、女工针线，应用物件，并儿戏物"。小孩若是抓到普通玩具，会被认为是玩物丧志，因此普通玩具都会放得远远的。

可见，在宋朝，玩具的种类非常多，大部分器具都会被做成缩小版的玩具，比如兵器、农具等。

从《市担婴戏图》中我们还可以看到数不胜数的儿童玩具，可辨识者有如下诸种：小鸟、鸟笼、拨浪鼓、小竹篓、香包、不倒翁、泥人、小炉灶、小壶、小罐、小瓶、小碗、六角风车、雉鸡翎、小鼓、纸旗、小花篮、小笊篱、竹笛、竹箫、铃铛、八卦盘、六环刀、竹蛇、面具、小灯笼、鸟形风筝、瓦片风筝、风筝桃子、小竹椅、拍板、长柄棒槌、单柄小瓶、噗噗噔儿等。

也就是说，我们现代小孩玩的玩具，除一些智能玩具之外，宋朝小孩几乎都可以买到。那么，宋朝最有名的玩具是什么呢？答案是"磨合罗"，其实就是一种泥塑或者蜡制的小孩，宋朝时七夕卖得最多的便是它。七夕，我们都知道是中国的情人节，磨合罗还有一种祈求生子的意味，因此在当时非常受欢迎。

◆ 磨喝乐（磨合罗）

115

宋金盈之《醉翁谈录》记载："京师是日（乞巧节）多博泥孩儿，端正细腻，京语谓之'摩喉罗'。小大不一，价亦不廉。或加饰以男女衣服，有及于华奢者，南人目为巧儿。"这种玩具娃娃穿着不同的衣服，在当时的东京可是风靡一时。当时还有一位吴中名匠叫袁遇昌，他做的磨合罗"其衣襞脑囟，按之蠕动"，也算是当时低配的机器娃娃。

《梦粱录》中描述："市井儿童，手执新荷叶，效摩喉罗之状。此东都流传，至今不改。"市井的小孩都喜欢模仿磨合罗，可见它的受欢迎程度。不过这个玩具价格昂贵，普通百姓买之前肯定要掂量一下了。

除此之外，还有一些反映节日的玩具。就拿立春来说，北宋时期，在立春的前几天，各州府都会制作非常精美的农耕玩具——一头在田地里耕作的土牛和背着一套农具的农夫——用来祭祀，叫"打春牛"。

《东京梦华录》中记载："立春前一日，开封府进春牛入禁中鞭春。开封、祥符两县，置春牛于府前。至日绝早，府僚打春，如方州仪。府前左右，百姓卖小春牛，往往花装栏坐，上列百戏人物，春幡雪柳，各相献遗。"

在立春这天，开封的百姓会互赠"小春牛"，这种玩具也是泥塑的，可以买回去摆在卧室里。

"黄胖"是宋朝清明节时家长爱给孩子买的玩具。《东京梦华录》记载："都城之歌儿舞女，遍满园亭，抵暮而归。各携枣锢、炊饼、黄胖、掉刀，名花异果，山亭戏具，鸭卵鸡雏，谓之'门外土仪'。"这黄胖也是一种节令玩具，成年人还可以拿它来劝酒。

不仅如此，在宋朝还有"千千车"，也就是我们现在的陀螺；"人马转轮"，类似现在的转盘抽奖；男孩子最爱的玩具车；养鱼用的玻璃瓶。当时的玩具都非常精致，符合宋朝雅致的审美。

在宋朝，想要给小孩买玩具，也是非常方便的，街上有挑货的小贩，还有玩具店，在各种旅游景点也有卖玩具的人出没，甚至还有像"南朱雀门外街""马行街"这样的玩具一条街。

此外，还有强身健体的玩具，比如一直流传至今的毽子。《事物纪原》对踢毽子有较详细的记载："今时小儿以铅锡为钱，装以鸡羽，呼为毽子，三四成群走踢，有里外廉、拖抢、耸膝、突肚、佛顶珠……"

那时候的毽子深受各个年龄段孩子的欢迎，甚至连宫妃在无聊时也会踢毽子。

宋朝小孩的玩具让人眼花缭乱，不过玩具价格都非常贵，一些家长因为负担不起，为了孩子只好选择自己制作。

玩具，在宋朝也是体现家长与孩子之间一种爱的联系的物件，让人倍加珍视。

> 碧落秋方静，腾空力尚微。
>
> 清风如可托，终共白云飞。

　　这首诗是北宋名臣寇准所作的《纸鸢》。风筝，在宋朝可是家家户户都有的玩具，在清明时节，风筝比赛是必不可少的节目。宋朝人认为，放风筝可以去晦气：如果家里面有人生了病或者流年不利，就将其姓名写在风筝上，风筝放至空中后，剪断引线，这样就可以摆脱灾难。

◆ 宋·苏汉臣《百子嬉春图》中的小孩放风筝

种茶养花还是打猎养鱼

如果我们回到宋朝，但身无分文，排除沿街乞讨这一个选项，怎么样才能养活自己呢？

经商当然可以赚钱，但是我们现在并没有启动资金，最好的方式就是去手工业应聘了，至少可以有一口饭吃。种茶养花还是打猎养鱼，这几个选项哪一个更容易上手，更有前途？我们得好好比较一下。

首先，我们来说种茶。《太平寰宇记》的"江南东道"一节中记载："福州土产茶，南剑州土产茶，有六般：白乳、金字、蜡面、骨子、山挺、银字。"

每个地区盛产的茶叶种类不一样，而皇室只喝新鲜的茶，因此宋代贡茶产地从顾渚改为建安，就如欧阳修所说的那样："建安三千里，

119

京师三月尝新茶。"只有建安的茶可以赶得上趟。因此，我们要是干种茶这一行，最好去建安应聘，因为那里的茶可是贡茶。

而且宋朝人嗜茶如命，斗茶风气盛行，茶叶自然消耗巨大。茶叶还在与吐蕃交易物品中榜上有名，因此，茶叶还有政治意义。

元丰六年五月，戊寅提举陕西买马司言："阶州增茶价，恐蕃部马不至，乞量增马价。"茶叶，还可以与吐蕃交换马匹以及其他的军事资源，因此茶叶行业算是宋朝的支柱性产业。

有一句民谚说得好："三年桐子五年茶，十年兴个桦栎扒。"也就是说，只要你可以把茶叶种好，飞黄腾达是板上钉钉的事。

赵汝砺在《北苑别录·采茶》中介绍了采茶风俗："采茶之法，须是侵晨，不可见日，侵晨则露未晞，茶芽肥润。见日则为阳气所薄，使芽之膏腴内耗，至受水而不鲜明。"也就是说，采茶的时辰非常讲究。

我们再来看看种花。在宋朝，簪花风靡全国，鲜花贸易也是支柱性产业之一，因此种花还是非常有前景的。

◆ 宋·李嵩《花篮图》（冬季）

120

花的价格也是非常高的，《西湖老人繁胜录》记载："城内外家家供养，都插菖蒲、石榴、蜀葵花、栀子花之类，一早卖一万贯花钱不啻。何以见得？钱塘有百万人家，一家买一百钱花，便可见也。"一座城每天卖花的收入都能够达到一万贯，可见鲜花贸易的繁荣。

看到这里，你是不是迫不及待地想去种花了？别急，这个行业是有门槛的。首先，你问问自己会嫁接吗？《续墨客挥犀》的《接百花》中记载："百花皆可接。有人能于茄根上接牡丹，则夏花而色紫；接桃枝于梅上，则色类桃而冬花；又于李上接梅，则香似梅而春花；投莲的于靛瓮中，经年植之则花碧，用栀子水渍之则花黄。"

有人能够在茄子根上接牡丹，还有人可以在梅树上接桃枝，只有别出新意的嫁接技术才能够吸引顾客，不然竞争力约等于零。在北宋几乎家家都种花，而且街上的卖花者数量也不少，他们"歌叫之声，清奇可听"，大大增加了人们的购买欲望。

还有人想到了靠花园发家致富的法子，比如说魏家在花园外修了水池，类似一个小花园，人们只有交了钱以后才能进去参观，"魏氏日收十数缗"，这收入也是不容小觑的。

养花的竞争压力太大，并且对技术的要求比较高，让我们再看看养鱼。养鱼的经济收入也是不菲的，宋朝范镇《东斋记事》记载："江湖间筑池塘养鱼苗，一年而卖鱼。插竹其间，以定分数，而为价值之高下。竹直而不倚者为十分，稍欹侧为九分，以至于四五分者。岁入之利，多者数千缗，其少者亦不减数十百千。"

九江、湖口的渔民筑池塘养鱼苗，一年的收入，多则几千缗，少则数十百缗，后来南方临水的大部分地区都会凿池养鱼。这也是一个不错的生意，并且在宋朝，鱼也是贡品的一种。

宋人非常爱吃鱼，宋人范仲淹的《江上渔者》写道："江上往来人，但爱鲈鱼美。"陆游在《思蜀四首·其四》中写道："玉食峨嵋桤，金齑丙穴鱼。常思晚秋醉，未与故人疏。白发当归隐，青山可结庐。梅花消息动，怅望雪消初。"这首诗是陆游因想念蜀地的美食而作，其中眉州丙穴所产的鱼让他一想到就舌底生津。

◆◆ 宋·佚名《柳溪捕鱼图》

养鱼比起种茶和养花容易上手得多，但是这也是一个体力活。

最后我们来说一下打猎。其实在宋朝，打猎的记载很少，而且一般都是当地的老猎人才能打到猎物，我们大概率会一无所获，因此这个选项不在我们的考虑范围之内。

总而言之，种茶养花养鱼都是不错的出路，但是对技术都有一定的要求，如果我们一窍不通，去应聘恐怕也不会成功。

当然，我们还可以选择牧牛，又或者去牛羊司养牛、养羊，去织锦院里做纺织工等，只要肯付出劳动就能找到适合自己的工作。

宋朝洪巽的《旸谷漫录》中记载："京都中下之户，不重生男，每生女则爱护如捧璧擎珠。甫长成，则随其姿质，教以艺业，用备士大夫采拾娱侍。名目不一，有所谓身边人、本事人、供过人、针线人……"

如果回到宋朝，不管是男是女，都可以靠自己的双手找到一份工作。

▶ 小知识

> 刻出形骸假像真，一丝牵动便精神。
> 堪嗟鼓笛收声后，依旧当时木偶人。

这首诗是宋朝诗人易士达写的《观傀儡》。在宋朝，表演傀儡戏的艺人有很多，他们能够表演鬼魂志怪、王侯将相，技艺高超的还能够得到皇帝赏识。

南宋李嵩曾经画过一幅《骷髅幻戏图》，画中一个骷髅模样的男子正在表演"悬丝傀儡"，他身后有一个正在哺乳婴儿的妇人，前面是一个观看傀儡戏的小孩与他的母亲。

整幅画十分诡异，画家或许想借此说明，傀儡戏艺人被生活操纵，为了养家糊口每日奔波，而活成了真的傀儡。

地图与指南针——宋人航海必备

在宋朝，造船技术十分发达，船只之大超乎人们的想象。如果我们能够回到宋朝，能够坐上远洋船出国远行也是一件值得期待的事。

那宋朝造出来的船究竟有多大呢？

《宣和奉使高丽图经》中记载："神舟之长阔高大、什物器用、人数，皆三倍于客舟也。"这是北宋明州（今浙江省宁波市）造的"神舟"，也叫"万斛舟"，它的载重量高达几百吨。试想一下，坐上这样的海上巨无霸去高丽外交，那必定是威风凛凛，恍若天神降临。宋人形容神舟"巍如山岳，浮动波上，锦帆鹢首，屈服蛟螭"。可见当时宋朝的造船业在世界上都是数一数二的，难怪"丽人迎诏之日，倾国耸观而欢呼嘉叹也"。

此外，宋朝也做外贸生意，宋朝商人的目光从来不止于眼前的一亩三分地，他们的目标是"星辰大海"，在世界其他国家出口铅、锡、杂色布帛等。北宋政府对此也是非常支持的，还在广州、杭州、明州等地设置了市舶司，相当于现在的海关。

《梦粱录》中记载："海商之舰，大小不等。大者五千料，可载五六百人；小者二千料至一千料，亦可载二三百人。"一料相当于现在的一百多斤。许多气势磅礴的海船驶出港口，这场面一定非常壮观。当然，其他国家的人也会带着象牙、珍珠等来宋朝进行贸易。

当时日本的刀就深受宋朝人的喜爱。欧阳修曾写诗《日本刀歌》赞美它："昆夷道远不复通，世传切玉谁能穷。宝刀近出日本国，越贾得之沧海东。鱼皮装贴香木鞘，黄白闲杂鍮与铜。百金传入好事手，佩服可以禳妖凶。"不过这种进口产品非常昂贵，一般人买不起。

如果我们真的能够随着宋朝的巨船出海，那么能够到达哪些地方呢？

南宋人周去非所著的《岭外代答》中记载过阇婆，大概在现在的印度尼西亚苏门答腊岛的位置。"广州自十一月十二月发舶，顺风连昏旦，一月可到。国王撮髻脑后……国人尚气好斗战，王及官豪有死者，左右承奉人皆愿随死，焚则跃入火中；弃骨于水，亦蹈水溺死，不悔。"

从宋朝坐船去阇婆，顺风的话大概一个月就可以到了。宋人还详细记载了当地的风俗，比如说百姓喜欢留短发，当地盛产胡椒、白豆蔻，还提及了阇婆人好斗且重情义的性情等。

当时与中国通商的国家大概有五十多个，不仅有近一点的高丽和日本，还有大食、古逻、阇婆、占城、浡泥、麻逸、三佛齐等，甚至还有非洲东海岸的中部和意大利的西西里岛，《萍洲可谈》就记载了"色黑如墨，唇红齿白，发卷而黄"的黑人。

在宋朝，我们不仅能够在国内旅行，还能够随着远洋船在世界其他地方留下自己的足迹。而航海必备的东西就有指南针和地图，没有这些工具我们简直寸步难行。

《萍洲可谈》中记载，远航的人们白天通过观察太阳分辨方向，夜晚靠观察星星，在阴天的时候靠指南针，此时还发明了"量天尺"，也就是根据北极星的位置来确定自己的地理位置。这样的话，在海上迷路的概率就大大降低了。从宋朝开始，指南针才应用于航海，此举在航海史上是一个全新的开端，紧接着阿拉伯人学会了指南针的制作方法，然后将指南针传入欧洲。

但是通过指南针，我们也只能分得清方向，对于岛屿、礁石、浅滩等仍没办法勘测，要是没有绕过浅礁，那么航行安全还是无法保证。

所以，海图也是航海出行的必备品。宋代的《舆地图》连各个部落的历史和地理都画了出来，还有各种各样的标注来帮助人们理解，简直是一本"海上行走的百科全书"，怪不得宋朝的朝廷禁止将地图出售给外国人。

不仅如此，《舆地图》甚至还绘制了宋朝的海军基地，南宋《建炎以来系年要录》中就记载："（绍兴二年九月）癸酉，右朝请大夫吕源为浙东福建沿海制置使，置司定海县。"而且这基地还非常大，《宝庆四明志》中的《叙兵》一节写道："绍兴二年，制置始置司，所统兵驻扎定海，防扼海道……其后分二百人，随一训练官于州城外江东寨驻扎。统兵官有统制，有统领，又有正将、副将、准备将，各三员，兵四千人……寨屋五千六百九十三间：定海五千三百九十三间，江东三百间。"

想想看，这样规模庞大的海军一出场，宋朝的船队能在海上称霸也是意料之中的事情。

总之，我们如果能够回到宋朝坐上航海之船，也就是有指南针和《舆地图》加持的"海上行走的巨无霸"，一定能够乘风破浪。

▶ **小知识**

风月小斋模画舫。绿窗朱户江湖样。酒是短桡歌是桨。和情放。醉乡稳到无风浪。　自有拍浮千斛酿。从教日日蒲桃涨。门外独醒人也访。同俯仰。赏心却在鸥夷上。

这首词是宋朝词人辛弃疾所作的《渔家傲·湖州幕官作舫室》，词人坐在画舫上，舫外是繁华富庶的城市。

画舫在宋代很常见。而御用的画舫更是四周垂挂着珠帘、七宝珠翠，里面应有尽有，简直就是一座行走的"五星级酒店"。

宋人养宠物

在宋朝，养宠物也是风靡全国的风尚。那些士大夫家里要是没有几只小宠物，出门都不好意思和别人寒暄，因为这会让他们在达官贵人中显得格格不入。

不仅如此，平民百姓也会养宠物，当然珍禽除外。宋朝理学思想认为，亲近鸟兽可以得出为人的道理。在宋朝，虐待宠物可是要遭人谴责的。《桂海虞衡志》中就记载："南方多珍禽，非君子所问。又余以法禁采捕甚急，故不能多识。"

唐朝的世家贵族喜欢养的宠物大多都是马、象、狮子、老虎这样的大型动物，而在宋朝，人们喜欢养的宠物都比较小巧，比如猫、犬、鹦鹉等。宋朝诗人陆游就写过："溪柴火软蛮毡暖，我与狸奴不出门。"

柴火暖洋洋地烧着，陆游与小猫裹在毛毡里不愿意出门，这个场景对爱宠物的人来说简直就是怡情悦性。

猫，在宋人的宠物排行榜上肯定是名列前茅，《梦粱录》中记载："猫，人畜之捕鼠。有长毛，白黄色者称曰狮猫，不能捕鼠，以为美观，多府第贵宫诸司人畜之，特见贵爱。"

宋朝的猫养尊处优，深受达官贵人喜爱。在街上也有猫粮店，出售猫用品的店铺，甚至还有宠物店给猫梳毛洗澡。

关于猫的诗也是不计其数，黄庭坚就写过一首《乞猫》："秋来鼠辈欺猫死，窥瓮翻盘搅夜眠。闻道狸奴将数子，买鱼穿柳聘衔蝉。"黄庭坚因为家中小鼠很多，于是想要别家产下的小猫崽儿，最后他提着一串鱼当礼物，期盼能够乞得猫崽儿。

◆ 宋·苏汉臣《冬日婴戏图》中的宠物猫

129

不仅是黄庭坚，陆游也是一个爱猫之人，他为猫写了不少的诗，其中《赠猫》一首很有名。"盐裹聘狸奴，常看戏座隅。时时醉薄荷，夜夜占氍毹。鼠穴功方列，鱼飧赏岂无。仍当立名字，唤作小於菟。"

陆游家的猫崽儿比较害羞，经常躲在椅子下不出来，但是后来在陆游的宠爱下胆子越来越大，还霸占了他的床。它抓到了小老鼠，陆游不仅给它小鱼干作为奖励，还给它起了一个名字，叫小老虎。

陆游家里有几十只猫，每一只都是他起的名字。他还因为小猫"寒无毡坐食无鱼"而"惭愧家贫策勋薄"，家里贫困导致这些小猫没有毛毡和小鱼干让他感到很惭愧。

宋朝人的宠物还有各种各样的珍禽野物，比如北宋的圆通禅师，他"庭养猿、鹤、孔雀、鹦鹉、白鹇，皆就掌取食，号'五客'"。这五种动物可是禅师的心头之爱，陪他清修迎客。

白鹤，也是士大夫最喜欢养的宠物之一，曾参与编写宋代四大类书中的三部（《太平御览》《文苑英华》《太平广记》）的李昉就对高雅动物非常痴迷，他"于私第之后园育五禽以寓目，皆以客名之。后命画人写以为图：鹤曰仙客，孔雀曰南客，鹦鹉曰陇客，白鹇曰闲客，鹭鸶曰雪客。各有诗篇题于图上，好事者传写之"。追求雅兴的宋朝人自然不会放过这个机会来标榜自己的个性。

宋朝的沈括在《梦溪笔谈·人事二》中记载："林逋隐居杭州孤山，常畜两鹤，纵之则飞入云霄，盘旋久之，复入笼中。林逋常泛小艇，游西湖诸寺。有客至逋所居，则一童子出应门，延客坐，为开笼纵鹤。良久，逋必棹小船而归。盖逋以鹤飞为验也。"

一个隐居在西湖孤山的诗人，整日与梅鹤为伴。我们想象一下这个场景，一个仙气飘飘的人泛舟湖上，两只体态飘逸雅致的白鹤盘旋于青山之上，像是一幅脱俗的水墨画。

养猫养鹤还算正常，令人惊奇的是，竟然还有人喜欢养"虱子"。

这个人就是王安石，他常年不喜欢洗澡，他还写过一句诗："青山扪虱坐，黄鸟挟书眠。"有时读书，王安石还会时不时地从身上捉出虱子。

《宋史·列传第八十六》中记载，王安石"性不好华腴，自奉至俭，或衣垢不浣，面垢不洗"，甚至去面圣时身上也有虱子。这与我们之前想象的擅长诗书礼乐，古板严肃的政治家有很大的不同。我们如果能够回到宋朝见一见王安石，一定会惊掉下巴。

大宋的"花鸟鱼虫市场"是相国寺，每月相国寺内"大三门上皆是飞禽猫犬之类，珍禽奇兽，无所不有"。在这里，我们一定能够挑选到自己喜欢的小宠物。

▶ 小知识

养得狸奴立战功，将军细柳有家风。

一箪未厌鱼餐薄，四壁当令鼠穴空。

这首诗是宋朝黄庭坚所作的《谢周文之送猫儿》，表达了诗人对抓鼠猫儿的宠爱之情。

宋人对猫爱护有加，还有人因为猫成了皇帝。宋高宗没有子嗣，在选择过继宗室子弟时，有一胖一瘦两个孩子，本来宋高宗更偏爱那个小胖孩儿，可是那个孩子却在出殿时踹飞了一只小猫崽儿，这让宋高宗非常失望，转而选择了另一个瘦孩儿过继，也就是后来的宋孝宗。

◆ 宋·徽宗赵佶《耄耋图》中的猫

第五章

若得山花插满头，
莫问奴归处

宋朝的聘礼与嫁妆是什么

俗话说，人生四大喜事是"久旱逢甘霖，他乡遇故知。洞房花烛夜，金榜题名时"。结婚，在每个朝代都是一件大喜事，宋朝也是如此。

中国古代的婚嫁仪式，都逃不开这六步：纳彩、问名、纳吉、纳征、请期、亲迎。纳征这个环节，就是指男方送聘礼去女方家。

在宋朝，若你是个破落的世家子弟，一没钱，二没功名在身，那么娶妻就是一件让人头疼的事。在商业经济发达的宋朝，结婚最看重的就是钱与功名。

那么，在宋朝结婚，聘礼和嫁妆到底要花多少钱？

对于这个问题，可以说不同的家庭情况不同，但是有一点是肯定的，那就是嫁妆比聘礼要丰富得多。苏东坡在写给朋友章惇的一封信里说："子由有五女，负债如山积。"苏子由有五个女儿，置办嫁妆置办得负债累累。同样也是生了五个女儿的南宋大臣，还曾哭诉过，强盗知道他家有五个女儿都不进去偷盗。可见，在宋朝，"破家嫁女"是真实的事。

所以，在宋朝嫁女儿可比娶媳妇要费钱，而且如果女方要了男方的彩礼，还不给对等嫁妆的话，就不称为嫁女，而是叫"卖女为妾"，那份彩礼也就叫"买妾之资"。

那家庭贫困的应该怎么办呢？《袁氏世范》记载："至于养女，亦当早为储蓄衣衾、妆奁之具，及至遣嫁，乃不费力。若置而不问，但称临时，此有何术？不过临时鬻田庐，及不恤女子之羞见人也。"宋朝人认为父母要是不替女儿置办嫁妆，一定会羞于见人。一般来说父母在女儿年幼时就开始为她攒嫁妆了，不然就得像苏辙一样，等到要嫁女儿的时候发现两手空空，只能含泪卖房去筹嫁妆了。

就连宗室也发愁女儿的嫁妆，宋神宗的弟弟扬王赵颢就因为自家的女儿嫁妆凑不齐，只能找朝中大臣借钱置办。公主的嫁妆可是比宗室王爷结婚的聘礼要多得多，而且宋朝皇子娶媳妇的钱还没有公主下嫁所花的钱的一半多。《宋史·礼志》里面记载："又赐办财银万两，进财之数，倍于亲王聘礼。出降，赐甲第。余如诸王夫人之制。"

在宋朝，嫁妆越丰厚就越能嫁入好人家，司马光曾说："今世俗之贪鄙者，将娶妇，先问资装之厚薄；将嫁女，先问聘财之多少。"在娶媳妇和嫁女儿之前，不问双方是否情投意合，也不问对方的家庭气氛，首先问的就是聘礼和嫁妆有多少。不得不说，宋人实在是过于现实了。

宋朝十分注重保护女子的嫁妆。《宋刑统》中规定："今后户绝之家，如无在室内女有出嫁女者，将资财、庄宅、物色，除殡葬营斋外，三分与一分。如无出嫁女，即给予出嫁亲姑、姊妹、侄一分。余二分若亡人在日，亲属及入舍婿、义男、随母男等，自来同居营业佃莳，至户绝人身亡及三年已上者，二分店宅、财物、庄田并给为主。如无出嫁姑、姊妹、侄，并全与同居之人。"

在没有男性的人家，如果没有待嫁女，只有出嫁的女儿，就把财产给她三分之一，要是没有，就给出嫁的姑姑一份，剩下的给养子等。可见在宋朝女子也是有继承权的，而且家族给自己的嫁妆别人是没有权利干涉的，这也算是一种婚姻保护。

那另一个问题就来了，宋朝男子会给多少聘礼呢？总不能两手空空娶妻吧。吴自牧的《梦粱录》中记载："名下财礼，则女氏得以助其虚费耳。"也就是说，聘礼可以作为嫁妆的一部分让女子带回来。

这就导致在宋朝有不少花容月貌的姑娘嫁不出去，不是因为个性不讨人喜欢，而是因为家里拿不出来嫁妆。有些地方官员会拿出自己的俸禄来资助这些女子嫁人。

在宋代，男子给女子送聘礼，茶叶是不可或缺的礼品。胡纳的《见闻录》记载："通常订婚，以茶为礼。故称乾宅致送坤宅之聘金曰'茶金'，亦称'茶礼'，又曰'代茶'。女家受聘曰'受茶'。"

茶，与宋朝婚嫁的关系匪浅，这是为什么呢？因为宋朝理学思想认为，茶叶有从一而终的意思，这也算是一种美好祝愿，希望新人能够白头偕老。

当然，男方要是送了好茶过去，女方也是需要回礼的。吴自牧《梦粱录·嫁娶》中就记载："道日方行送聘之礼，且论聘礼，富贵之家当备三金送之……加以花茶、果物、团圆饼、羊酒等物，及送官会银铤，谓之'下财礼'。"女方还要回花茶、水果、酒之类的。

总的来说，在宋朝，嫁女儿可比娶媳妇还要令人发愁，要是拿不出嫁妆，女儿很可能会孤独终老。

▶ 小知识

> 卖花担上，买得一枝春欲放。泪染轻匀，犹带彤霞晓露痕。
>
> 怕郎猜道，奴面不如花面好。云鬓斜簪，徒要教郎比并看。

这首词是李清照所作的《减字木兰花·卖花担上》。她在卖花担上买了一枝含苞待放的花，担心郎君认为自己没有花好看，于是将花插入云鬓之间，让他看看，是人比花娇还是花比人娇。

李清照出身富贵之家，父亲是著名的文学家李格非。她在十八岁的时候，与左仆射赵挺之的第三子赵明诚结为夫妻。婚后，还在读书的赵明诚没有收入来源，李清照就将自己的嫁妆拿去典当，虽然日子过得紧巴，但两人情比金坚。

宋朝的婚礼步骤（上）

　　古代的婚礼步骤一般来说都是纳彩、问名、纳吉、纳征、请期、亲迎六步，但是在宋朝的时候，朱熹在《家礼》中就将这六礼合并成三目，也就是剩下纳彩、纳币、亲迎这三个步骤了。

　　前文提到，在宋朝，岳父岳母对女婿的要求除了钱，身有功名也是很重要的。《萍洲可谈》中记载："本朝贵人家选婿于科场年，择过省士人，不问阴阳吉凶及其家世，谓之'榜下捉婿'。"也就是说，在科举放榜之后，中进士的人都是香饽饽，哪怕是一个家徒四壁的穷进士也没有关系，也会有人向他介绍自己的女儿。

　　范正敏的《遁斋闲览》中记载，在一次科举放榜时，有一个玉树临风的刚考中进士的少年，被一群仆人带到一处府第，旁观的众人看着他窃窃私语。不一会儿，来了一个衣着华贵的人问他，自己有一个女儿能不能与他相配？少年鞠躬道谢，却婉拒了。他说，自己家境贫寒，能够得到贵人赏识已十分荣幸，但这件事是否可以让他回家和自己的发妻商量一下。众人哄笑着散开了。

在宋朝，一些达官贵人与簪缨世家甚至还会威逼利诱进士当自己女婿，可见进士在当时多么受欢迎。

在宋朝，结亲需要通过媒人传递消息，司马光于《书仪》中记载："必先使媒氏往来通言，俟女氏许之，然后遣使者纳采。"男方要先修书请媒人，然后媒人去询问女方的意见，得到同意之后男方才能派遣人去纳采。

找一个靠谱的媒人实在是太重要了，宋人袁采就曾经写过："古人谓'周人恶媒'，以其言语反复。给女家则曰男富。给男家则曰女美。近世尤甚，给女家则曰男家不求备礼，且助出嫁遣之资。给男家则厚许其所迁之贿，且虚指数日。"大意是有的媒人颠倒黑白，骗女方说男方家富有，骗男方说女方美，因此不能轻信媒人的话。

"若轻信其言而成婚，则责恨见欺，夫妻反目，至于仳离者有之。大抵嫁娶固不可无媒，而媒者之言不可尽信。如此，宜谨察于始。"

轻信媒人而成婚的结果就是夫妻双方互相指责对方欺骗，夫妻反目的概率要翻上几倍。

在找好靠谱的媒人之后，就只需静待佳音了。如果女方同意，就会给男方草帖，里面写着女方的出生年月日、籍贯，往上三代的姓名、官职，差不多是户口本上的所有内容都写了下来。

既然女方送了草帖过来，男方也要送草帖回去，但是在此之前，男方的父母会先将女方的生辰八字与男方的生辰八字找个大师算一下。要是没有太大的问题，他们才会同意回草帖。

草帖的内容都差不多，男方要将自己的生辰八字，往上三代的情况都写上。当然，女方收到草帖之后也会问卜，要是没有问题就会通知媒人，表明自己同意了。

接下来还有定帖，就跟写了大纲之后还要写细纲一样。男方的定帖不仅要写自己父母的官职，还要将自己的聘礼明明白白地写出来。比如说某某街的商铺，某某豪华地段的别墅，或者是多少金银珠宝。这个定帖必须由男方先交过去，女方看了之后，才会回定帖。

女方的定帖上要写清楚自己的嫁妆，父母的官职、家里的诰命封号也要一一列举出来。

此时婚事还没有板上钉钉，因为在议婚时还有一件最重要的事——相亲。男方要先选一个良辰吉日，准备好礼物去女方家，其中茶必不可少。相亲时男方要是中意女方，就将钗子插到女方的头发中，这叫作"插钗"；要是不中意，就送给女方两匹彩缎，也就是"压惊"。

相亲是男方拒绝这门亲事的最后一次机会了，要是到了纳币阶段，也就是订婚阶段再反悔的话，可是违法的，说不定还会被判流放。

▶ 小知识

> 孝廉令狐策梦立冰上，与冰下人语。紞曰：冰上为阳，冰下为阴，阴阳事也；士如归妻，迨冰未泮，婚姻事也。君在冰上，与冰下人语，为阳语阴，媒介事也。君当为人作媒，冰泮而婚成。

这段话出自《晋书·索紞传》。孝廉令狐策有一天梦见自己站在冰上，和冰下人说话。索紞解释说，冰上为阳，冰下为阴，主阴阳之事，你在冰上和冰下人说话，象征着你在调和阴阳，行媒说之事。因而你应当为人做媒，就像把冰融化那样，促成别人的婚事。此后，媒人也叫作冰人。

宋朝的婚礼步骤（下）

宋朝的商品经济非常发达，富贵之家的聘礼与嫁妆也是非常丰厚的。

宋朝定亲很复杂，一共有三步，分别是下定礼、下聘礼、下彩礼。

《梦粱录》中记载："若丰富之家，以珠翠、首饰、金器、销金裙襦，及缎匹茶饼，加以双羊牵送，以金瓶酒四樽或八樽，装以大花银方胜，红绿销金酒衣簇盖酒上，或以罗帛贴套花为酒衣，酒担以红彩缴之。男家用销金色纸四幅为三启，一礼物状共两封，名为'双缄'，仍以红绿销金书袋盛之，或以罗帛贴套，五男二女绿盏，盛礼书为头合，共辇十合或八合，用彩袱盖上，送往。"

简单来说，男方给女方下定礼，要往女方家送金银珠宝、彩缎茶饼、酒，还要用双羊牵送，这其实有一种吉祥的象征意义。

男方用销金色纸写婚启和礼物清单，并把它们封成两份，叫作"双缄"，然后将它们装进袋子，最后放入木盒子。这木盒子可不能随便找一个，得是绘制了五男二女的盒子。

接着，用彩色布帛包装的礼物盒子被运往女方家。

此刻女方家里热闹非凡，男方的礼物已经送达，并且得到了最大的礼遇，它们全部被放在正屋里。女方的家长还点起香炉，屋里檀香袅袅。他们对着祖宗牌位磕头，然后邀请一对感情和美的夫妇来打开礼物。

然后女方会准备两瓶淡水、三五条活鱼、一双筷子，放在酒瓶里作为回礼，这叫作"回鱼箸"。

这时候距离完婚还有一段时间，在这段时间内男女双方只能通过媒人沟通，遇到节日男方还可以送送礼，遇到新茶开采，也可以往女方家里送上些，这时候女方会用女红回礼，多是准新娘亲手绣的。

下聘礼时要准备鹅酒，富贵人家则准备羊酒，然后确定下聘礼的时间。《梦粱录》中还记载："且论聘礼，富贵之家当备三金送之，则金钏、金镯、金帔坠者是也。若铺席宅舍，或无金器，以银镀代之。"

下聘礼时三金可不能少，金钏、金镯子、金帔坠缺一不可。如果没有金器，也可以用银镀来代替。若是富贵人家，什么黄罗销金裙、段红长裙，什么珠翠特髻、珠翠团冠、四时冠花、珠翠排环，还有花茶果物、团圆饼、羊酒等都可以准备。

下彩礼的礼物就简单一点了，下完彩礼，纳币就差不多完成了。

接下来就是重头戏——亲迎，也就是迎亲。

首先，在亲迎的前三日，男方要往女方家里送礼品，包括"催妆花髻、销金盖头、五男二女花扇，花粉、盝洗项、画彩钱果之类"，主要目的就是告诉新娘子，快点化妆等待新郎来迎娶，也就是"催妆"。女方家里则会用"金银双胜、御罗花幞头，绿袍、靴笏等物"回礼。

亲迎的前一日，女方家里的人会搬一些新的家具帷幔到男方家，将新房装饰得焕然一新，这叫作"铺房"。这时候一定要选择有福气的人来铺床，这是一种美好的祝愿。

亲迎这一日，新郎骑着高头大马，意气风发地去接新娘。接到新娘回家的时候，一大群亲戚、司仪、乐队等会拥在门口，不给钱就不让进门。此刻，新郎不能吝啬，伴郎会一边发红包，一边将糖果与铜钱扔向一旁看热闹的小孩子们。

在新娘子下车后，会有专人拿着谷豆等物望门而撒，然后周围的小孩子们会争相拾取，这叫作"撒谷豆"，为的是辟邪，驱除青羊、乌鸦、青牛这三煞。

接下来新娘要做的是跨马鞍，有一位女子会捧着镜子在前面引导，让新娘踩在青布条上走进大门，这就是"过门"。最后新人被人引着进了新房。

新房里，新郎坐在床的右边，新娘坐在左边，这叫作"坐富贵"。

此时繁杂的仪式还没有结束，最重要的拜堂典礼马上就要开始了，新郎与新娘牵着同心绸缎走了出来，一拜家庙，二拜高堂，夫妻对拜。

不过并不是送入洞房后才能够掀起红盖头，在第一次跪拜时，为了表示对祖宗的尊重，女傧相会拿着秤杆挑起新娘的盖头。

拜堂之后新娘回到房间，新郎却不能跟过去，一群亲戚朋友会借此来捉弄他，不会让他轻易地进洞房。

当新郎筋疲力尽地回到新房，事情还没有结束，在撒帐与合髻之后，还要喝交杯酒，也就是行合卺礼。《梦粱录》还记载："饮讫，掷盏并花冠子于床上，盏一仰一合，俗云大吉。"新人还需要将头冠与酒杯扔到床上，要是一只朝上，一只朝下，说明大吉大利，可以白头偕老、一生相伴。

接下来，就像是《西江月》中描绘的那样："月下云翘早卸，灯前罗帐眠迟。今宵犹是女孩儿，明日居然娘子。小婢偷翻翠被，新郎初试蛾眉。最怜妆罢见人时，尽道一声恭喜。"

▶ **小知识**

> 高卷珠帘挂玉钩，香车宝马到门头。
>
> 花红利市多多赏，富贵荣华过百秋。

这是中国古代的婚俗诗，出自《清平山堂话本》中的《快嘴李翠莲记》。花红利市就是红包，在新娘上轿子前，傧相会念这首诗，意思就是让新娘给红包，这样才能够享百年荣华富贵。

宋朝人离婚复杂吗

在宋朝，想要离婚说容易也容易，说不容易也不容易，需要一定的缘由。

《宋刑统》记载："七出者，依令：'一无子，二淫泆，三不事舅姑，四口舌，五盗窃，六妒忌，七恶疾。'"也就是说没有孩子，淫乱，对公公婆婆侍奉不周，搬弄是非，盗窃，妒忌，生很严重的病，这些都是宋朝男子休妻的理由。像盗窃我们还可以理解，但妻子生了严重的病就休妻实在是不讲道德。

这样的话，宋朝的女子岂不是每天都在提心吊胆之中度过？而且要是男方只是厌倦了就可以选择离婚，离婚的概率肯定会大大提高，所以，宋朝还有"三不去"的规定："三不去者，谓一经持舅姑之丧，二娶时贱后贵，三有所取无所归。"也就是说，妻子为公婆守丧的，夫妻在一起之后才由穷转富的，妻子娘家已经没有人丁，离婚之后吃喝住行都是问题的，这三种情况都不可休妻。

宋朝男子休妻有这些规定，而且宋朝女子离婚后也是受尊重的。宋真宗就娶过曾嫁过人的刘皇后，宋仁宗的曹皇后也曾和别人有过一段短暂的婚姻，王安石还为自己的儿媳妇再嫁主持婚礼。这些例子都很好地证明，宋朝女子再嫁并不困难。

过不下去就离婚，遇到合适的就再嫁，宋朝女子比我们想象的要洒脱，甚至在结婚当晚就离婚的也有。

《宋人轶事汇编·祖无择》中记载"徐氏与祖无择之间短暂的婚姻"就是如此。故事的开始是这样的，宋神宗时期，祖无择只是国子监生，他在一次偶遇中对徐氏一见钟情，接着就聘请媒人去徐家提亲，徐氏并不认识祖无择，因此提出了自己的想法，她要亲自看一眼祖无择才考虑是否同意这门亲事。但祖无择并不是帅哥，为了让徐氏同意，他想出了一个馊主意，让自己的室友代替自己去赴约。他的室友相貌堂堂、风流倜傥，徐氏一见非常满意。不过，在洞房花烛夜徐氏看见了真正的祖无择，与之前见到的人简直是云泥之别，她才发现自己上当受骗了，于是斩钉截铁地提出了离婚。

在宋朝，女子之所以有底气提出离婚，一是皇室女子再嫁的例子很多，起到了带头的作用，二是女子再嫁时，所有的嫁妆都可以带走。

《名公书判清明集》中记载："方天禄死而无子，妻方十八而孀居，未必能守志，但未去一日，则可以一日承夫之分，朝嫁则暮义绝矣。"也就是说要是宋朝女子丧夫后不改嫁，那么丈夫死后留下的东西就都是她的。但是对不在意丈夫财产的宋朝女子来说，只要过了守孝期就可以改嫁。

订婚三年却没有举办婚礼的也可以离婚。《名公书判清明集》第九章中就记载："诸订婚无故三年不成婚者，听离。"还有一种情况就是如果丈夫三年都没有回过家，婚姻自动失效，宋朝女子可以另谋良缘。

在大宋，一个有钱的寡妇在当时也是非常抢手的，甚至还有高官争着娶。

在北宋初年，先后担任宰相的张齐贤、向敏中就为了一个寡妇闹得不可开交，那个寡妇就是已故宰相薛居正的儿媳妇柴氏。柴氏长得是不是国色天香我们不知道，不过有钱是真的。柴氏不仅有自己的嫁妆，还有前夫为了自己的财产不被充入族产而置办在她嫁妆名下的财宝。两任宰相都非常心动，并且用尽手腕。但结果是两人都没有娶到柴氏，反而都被宋真宗斥责并贬黜别地，这场两败俱伤的闹剧就此告终。

据说宋朝著名女词人李清照也曾因为财富而遭受苦难。

在青梅竹马的丈夫赵明诚死后，李清照嫁给了张汝舟，张汝舟之所以娶李清照就是贪图她的财产。在婚前他一直彬彬有礼，在婚后就露出了自己的真面目，向李清照索要前夫的珍贵书画，在遭到李清照的拒绝之后，竟然开始对她暴力相向，甚至将她软禁在家中。

李清照的再嫁并没有让自己的日子变好，还因此被投入牢狱。因为忍无可忍的李清照去衙门状告张汝舟在科举考试时贿赂考官，但是依照宋律，妻子控告丈夫，不管是什么原因，也不管最后谁输谁赢，妻子都会有牢狱之灾。

虽然最后李清照有綦崇礼相助，获得了宋高宗赵构的特赦，这才从监狱里走出来。但是宋朝别的女子就没有那么好运了，因为状告丈夫而受牢狱之灾的也有不少。

这种"娶妇直求其财"的风气一直在宋朝蔓延，对再嫁女也是如此。作为宋朝女子，掌握了经济大权就掌握了主动权，即使离婚也会有自己的立足之地。

▶ **小知识**

某专甲谨立放妻书。盖说夫妇之缘，恩深义重，论谈共被之因，结誓幽远。凡为夫妇之因，前世三生结缘，始配今生夫妇，若结缘不合，比是怨家，故来相对。妻则一言十口，夫则反目生嫌，似稻鼠相憎，如狼羊一处。既以二心不同，难归一意，快会及诸亲，各还本道。愿妻娘子相离之后，重梳蝉鬓，美裙娥眉，巧逞窈窕之姿，选聘高官之主。解怨释结，更莫相憎。一别两宽，各生欢喜。于时年月日谨立除书。

这是唐人撰写的放妻书，也算是一种离婚协议，在宋时也流行。放妻书应该算是一种"格式合同"，有多个版本供人挑选，措辞大同小异，手抄下来，署名盖印，可作为解除婚姻的法律凭证。

这篇放妻书先表达了对婚姻的美好愿景，然后解释了离婚原因，并没有只指责一方，而是强调是双方共同的责任，最后表达了对对方的美好祝愿，希望对方以后能够过上更好的生活。

宋朝的世婚是什么

在宋朝，宋仁宗规定了结婚年纪，"男十五、女十三以上"，比我们早了不少。

但是实际情况是，宋朝人的普遍结婚年龄要比规定的晚一点儿，这是为什么呢？还是和宋朝费钱的嫁妆以及"择婿重进士"的风尚有关。

绍兴二十六年，尚书吏部员外郎说："比年以来，承平寝久，侈俗益滋，婚姻者贸田业而犹耻率薄，以至女不能嫁，多老于幽居。"如果没有充足的嫁妆，宋朝女子都没有办法嫁人，只能孤独终老。

因为科举对宋朝男子太重要了，可以说是"十年窗下无人问，一举成名天下知"，因此有些男子就会将婚事推迟到中了进士之后，这样的话就能够娶到更好的妻子。

在宋朝，男子十四岁中了进士都可以说是文曲星下凡了，一般在三十岁之前中进士都是年少有为，四五十岁的进士才是比较常见的，毕竟"三十老明经，五十少进士"，五十岁中进士都算是天资聪颖了。

据说，有一位叫韩南的考生，考中进士时已经七十三岁。他曾写诗自嘲："媒人却问余年纪，四十年前三十三。"虽然他的年纪有些大，但是显然媒人还没有放过他。

那么，宋朝女子到了情窦初开的年纪，除"榜下捉婿"外，还有什么方法可以结交适龄的男子"执子之手，与子偕老"呢？

世婚是一种不错的方式，中国古代有两姓世代通婚的习俗。周王室与齐国的联姻始于周武王时期，《史记正义·周本纪》云："武王娶太公女为后。"此后，周齐两国一直世代通婚，这样可以让双方的关系更加牢固。

到了宋朝，世婚也非常流行，世婚一般是两个关系好的家族为了延续这份情谊，而选择让两族子弟婚嫁，简单来说，就是我的儿子娶了你的女儿，我的女儿嫁入了你的家族。

在宋朝，世婚最值得一提的就是韩亿与李若谷这对兄弟。南宋邵伯温在《邵氏见闻录》中记载："韩参政亿、李参政若谷未第时皆贫，同途赴试京师，共有一席一毡，乃割分之。每出谒，更为仆。李先登第，授许州长社县主簿。赴官，自控妻驴。韩为负一箱，将至长社三十里，李谓韩曰：'恐县吏来。'箱中止有钱六百，以其半遗韩，相持大哭别去。"

韩亿与李若谷两个人出身贫寒，结伴进京赶考的过程中，一张破席子都两个人分着用。更有意思的是，在出门拜访名流时，这两个人没有小厮，于是轮换着扮演对方的书童。最后李若谷先进士及第，牵着毛驴驮着妻子去上任，韩亿在一边背着箱子相送，这份情谊可谓深厚。

两个人后来都官运亨通，仍没有忘记当初的情谊，于是用世婚来增进两个人的关系，以至"子孙数世，婚姻不绝"。

这样的情况在宋朝很常见，双方家庭的情谊深厚，世婚就能够亲上加亲。宋人袁采认为："人之议亲多要因亲及亲，以示不相忘。此最风俗好处。"一般在当地有影响力的士族都会选择与门当户对的家族联姻，周南《为长侄定里人朱氏书启》中就写道："求婚继世，敢轻为孙子谋；择妇先邻，况获依丈人行！"

世婚不仅仅是为了家族的亲厚，也是为了两个家族的前程考虑，使家族的利益根基更为牢固。

宋朝的世婚有几种常见形式：一种就是侄女嫁到姑家，一种就是甥女嫁到舅家，还有一种就是子女嫁到姨家。

在宋朝，世婚有一点好处，那就是男方女方对彼此还是有一点了解的，即使了解得不多，在一些家族聚会或者是亲朋好友的口耳相传中也能对对方的品行有一个大概的认识。

除了世婚，宋朝还有童养媳，不过童养媳一般没有嫁妆，在重财的宋朝人看来，她们是没有话语权的。一般只有穷苦人家才会找童养媳，男方省了聘礼，女方省了嫁妆。

▶ 小知识

> 同居长干里，两小无嫌猜。
>
> 十四为君妇，羞颜未尝开。

　　以上诗句节选自李白所作的《长干行》。唐宋世婚的风俗盛行，名门望族之间多世代通婚，因此从青梅竹马到举案齐眉的夫妻的数量可观。

公主如何挑选驸马

在大宋，公主的待遇还是非常高的，况且每逢节假日都会有赏赐。当然，嫁妆也是异常的丰厚，连宋神宗都抱怨嫁一公主，竟然要花七十万缗，而当时皇子娶妻花费的银子还不到其十分之一。

即使公主很有钱，宋朝有能力的士族子弟也不太愿意当驸马，因为在宋仁宗之后，驸马基本上就是一个摆设，没有实权，也不能在官场上发挥自己的才能。

不过在宋朝初期，驸马还是有一定实权的，因为那时候为了稳固四方，宗室基本上都是与名门世家子弟联姻，皇帝也会给驸马一个不错的官职。到了宋真宗的时候，基本上国家统治已经趋于稳定，也就不需要再用驸马来维系与大家族的关系，因此驸马的政治地位逐年下降。

宋朝初期，驸马基本上都会是有威望与才能的人，但公主得到一个合适的驸马还是需要运气的。宋太祖挑选驸马的时候非常政治化，为防止王审琦产生异心，硬生生地将王审琦的儿子王承衍与他的妻子乐氏拆散，就为了让王承衍当驸马。当时宋太祖就直接对王承衍说："汝为吾婿，吾将更嫁乐氏。"试想一下，在这种情况下，那位驸马即使再舍不得，也只能接旨，这也算是向强权低头吧。

　　除此之外，在宋朝，皇帝还喜欢"以进士第一人尚主"，也就是考上了进士说不定还能够成为驸马，宋朝"榜下捉婿"的风俗已蔓延到皇室。《宋史》中就记载过一个进士："李遵勖，字公武，崇矩孙，继昌子也。……及长，好学文词，举进士。大中祥符间，召对便殿，尚万寿长公主。……授左龙武将军、驸马都尉，赐第永宁里。"李遵勖在进士及第后被宋真宗一眼相中，授官赐第。

　　不过，有时候公主对进士也不感兴趣。宋理宗的女儿瑞国公主正在挑选夫婿，考官丁大全觉得周震炎相貌堂堂，是一个当驸马的好人选，为了讨宋理宗开心，就将试题泄露给周震炎。生于太平州的周震炎一举夺魁，被称为太平状元，甚至还有希望成为太平驸马。不过瑞国公主对他不感兴趣，嫌弃他年龄太大，马上就要到三十岁了。宋理宗爱女心切，也就不再提起这件事。这位状元后来诸事不顺，不仅被褫夺了状元的头衔，还死在了被贬官的路上，可以说是一点儿都不太平。

除了进士，宋代还喜欢在武将中挑选驸马。《宋史》中记载："兖国大长公主，帝第十一女也。嘉祐六年，封永寿。进荣国长公主。治平四年，进邠国大长公主。熙宁九年，改鲁国。下嫁左领军卫大将军曹诗。"

不过这位公主并不受大将军待见，因为曹诗成为驸马之后在官场上就被边缘化了，这对于一个期待大展宏图的人来说，实在是晴天霹雳。后来，曹诗竟向皇室隐瞒公主的病情，让公主一病不起，因此被废去了驸马的头衔。

不仅是驸马的前途，子孙后代的前途也会有影响。宋仁宗的另一个女儿庆寿公主虽已年老，却还要为自己的儿子寻求封赏，她写奏章说："妾虽近于饥窘不敢妄有干求。但以年老多病，瘭疠之余，得一望清光，虽死不恨。"因为皇帝为了防止外戚干政，连驸马的儿子也只给个闲差不给实权，白发苍苍的公主只得硬着头皮去为自己的儿子寻求封赏。

其实，在宋朝，皇帝对驸马还是比较宽容的，即使有驸马敛财，又或者是有其他罪行，处罚的结果只是罚点俸禄，严重一点就是降官。

不过要是对公主不尊敬，那么这位驸马才算是真真正正摊上事了，处罚非常严重，这个曹诗就触了逆鳞，最后被贬也在情理之中。

> 柔福在五国城，适徐还而薨。静善遂伏诛。柔福薨在绍兴
> 十一年，从梓宫来者以其骨至，葬之，追封和国长公主。
>
> 伪柔福帝姬之来，自称为王贵妃季女，益自言尝在贵妃阁，
> 帝遣之验视，益所诈，遂以真告。

上面两段话是《宋史》对柔福帝姬的记载。有女子自称"柔福帝姬"被俘后逃回大宋，后来却被指责伪造身份，但也有人说是诬陷。娶了假帝姬的驸马不仅被削夺爵位，还被世人耻笑，人们说他"向来都尉，恰如弥勒降生时；此去人间，又到如来吃粥处"。这位驸马并没有长久享受到荣华富贵，反而最后落了个白茫茫一片大地真干净。

怎样才能成为一名皇后

在宋朝，婚姻不再强求门当户对。宋朝的皇后大部分不是出自显赫家族，有节度使的女儿，也有小公务员的女儿，还有皇后的祖父与父亲都是无业游民的。宋神宗的向皇后的祖父叫向敏中，也就是之前说的那个与另一个宰相争寡妇的宰相。这些皇后的家族真的是五花八门，什么情况的都有。

我们先来看看皇帝的后宫里有哪些嫔妃等级。据《宋史》记载：一等皇后一名，二等贵妃一名，三等贤妃一名，四等德妃一名，五等淑妃一名，六等宸妃一名，以下昭仪、昭容、修媛、修仪、修容、充媛、婉容、婉仪、顺容、贵仪、婕妤、美人、才人、国夫人、郡君（南宋郡君改夫人）、红霞帔、御侍等各若干。

若不是刚开始就被册封为皇后，在以后的日子里，也可以凭借运气与宠爱一步一步晋升为皇后。当然还有例外，那就是死后被追封为皇后，代表人物就是温成皇后张氏。她的出身很普通，父亲是进士，母亲只是齐国大长公主府上的歌舞女，但是她却深受宋仁宗宠爱，死后宋仁宗不顾谏官反对追封她为皇后。

还有一种情况就是母凭子贵。宋哲宗的母亲朱德妃就是如此，元祐三年，"其寻绎故实，务致优隆。于是舆盖、仗卫、冠服，悉侔皇后"。也就是虽然名义上不是皇后，但是所有的待遇都和皇后一模一样。

宋朝女子怎么样才能进宫成为皇后呢？

首先，在采选宫妃时被选中。在宋朝，每年都会从九品以上爵位官员家中挑出一名女子进宫，叫作良人，容貌倒不是非常重要，品行居第一顺位。宋高宗就曾说："书不惟男子不可不读，惟妇女亦不可不读。"皇帝对女子的才学还是有一定要求的，如果大字不识，那么选上的概率比较小。

其次，还要经过各种各样的选拔。第一关是太监主审，他们会认真评判女子的相貌与口音，也就是看看她的相貌是否端正，发、耳、额、眉、目、鼻、口、颔是否有缺陷，有没有驼背等一系列问题。最重要的是，一定要会说官话，不然没有办法和皇帝进行交流。

第二关还是太监主审，这一关主要考察的是身材与礼仪。太监要用尺子测量手、臂、腰、腿、脚，不符合尺寸的会被淘汰。在宫廷里坐没坐相，站没站相，不懂得礼仪的也会被淘汰。

第三关，主审人由太监变成了老宫女，老宫女在后宫起起伏伏那么多年，自然练就了一双火眼金睛。这一关主要看的是良家子的身体私密处、嗅觉、听力、智商等。说梦话的、打鼾的、有梦游症的，甚至身上有伤疤的，都会被淘汰。

如果这一关也顺利通过，那么接下来就是最重要的一关。皇帝和太后会亲自接见，主要看的还是眼缘，又或者是才气品行，这也算是终极面试，即使不能成为皇后，也是有机会成为王妃的。

这一关主要靠运气，如果一帆风顺地成为皇后，困难才只是开始，接下来还需要各种历练。

就比如说宋哲宗的昭慈皇后孟氏。宋哲宗的祖母太皇太后高氏替他选了世家之女百余人入宫，十六岁的孟氏被一眼相中，在元祐七年就被封为皇后，但是在绍圣三年被废，出居瑶华宫，号"华阳教主""玉清妙静仙师"，法名"冲真"。

事情到这里还没有结束，又过了几年，元符三年哲宗病逝，端王赵佶继位，也就是宋徽宗，旧党又重新获得了话语权，被废的孟氏又恢复了封号，这一生可算是起起伏伏。

不过成为皇后有的时候也不需要经过这么多的步骤，最重要的是只要皇帝喜欢，即使是寡妇，又或者是街上摇拨浪鼓的都可以，年龄、职业什么的都不再是问题。

宋真宗的皇后刘娥就是一个活生生的例子。她出生不久便丧父丧母，年幼时靠着摇拨浪鼓和唱歌赚生活费，在十三岁时由姥姥作主嫁给了一个银匠，两个人的生活一贫如洗，甚至连饭都吃不上。

后来，她的丈夫将她卖了出去，兜兜转转中，刘娥来到了韩王赵恒的身边，赵恒也就是后来的宋真宗。虽然他与刘娥被他的父亲棒打鸳鸯，但是宋真宗从来没有放弃过刘娥，在继位之后也将刘娥带进了宫中。

最后，刘娥从美人一路升到皇后，在后来还垂帘听政，礼服也是比照帝服置办的，可以说是苦尽甘来了。

在宋朝，皇后并不是世家贵族的专属，能力与运气才是最重要的。

▶ **小知识**

> 海棠花里奏琵琶，沉碧池边醉九霞。
>
> 禁御融融春日静，五云深护帝王家。

这首诗是宋朝章惠皇后所作的《宫词》，描写了宫廷晚景。她早先是宋真宗的淑妃，因为抚养仁宗有功，死后被追封为皇后。在宋朝，妃子若是有才能加持，也会更受青睐。

第六章

千门万户曈曈日，
总把新桃换旧符

宋朝人如何过年

在现代，过年是件大事，在宋朝更是如此。宋朝的春节持续时间较长，冬至、立春等节日都算在春节假期里，因此宋朝人的年假有大半个月。在这将近一个月的时间里，宋朝人庆祝节日的方式也是五花八门。

首先，宋朝在元旦之前还有交年节，在农历每年的十二月二十四日，与小年为同一天，在这一天，宋朝人会祭灶、送百神等。

如果我们回到宋朝，一大早起床，我们就要开始忙碌了。

《梦粱录》卷六记载："二十四日，不以穷富，皆备蔬食饧豆祀灶。此日市间及街坊叫卖五色米食、花果、胶牙饧、其豆，叫声鼎沸。"祭灶，来源于古人的拜火习俗，人们要准备一些麦芽糖、杂色米饼等食物，除此之外，鸡鸭鱼肉、好酒好菜也是必不可少的。在宋朝，祭灶还有男子主持、女子回避的规矩。

除了祭灶，还有"照虚耗"。夜里，宋朝人会在床底下点灯，这就是"照虚耗"。据说，虚耗是一种鬼，所到之处，那里的人就会损失财产、库藏空虚。因此，照了虚耗来年就可以财源滚滚。

在宋朝，小年还需要祭拜"万回哥哥"。万回，是宋人信仰的团圆之神。明代田汝成的《西湖游览志馀》记载："宋时，杭城以腊月祀万回哥哥，其像蓬头笑面，身著绿衣，左手擎鼓，右手执棒，云是和合之神，祀之可使人万里外亦能回来，故曰万回。"祭拜万回哥哥，就是希望在万里之外的亲人能够回到家中与家人团聚。

小年之后，就是春节，宋朝人过的年不叫春节而叫元旦。宋代吴自牧《梦粱录》卷一记载："正月朔日，谓之元旦，俗呼为新年。一岁节序，此为之首。"

元旦的前一天，就是除夕，也叫除夜、岁除等。在除夕这一天，有守岁的习俗。《东京梦华录》记载："士庶之家，围炉团坐，达旦不寐，谓之守岁。"在除夕的夜里，一家人围着炉火坐在一起，彻夜不眠，欢声笑语不断，要是玩累了还可以吃一点消夜果。

宋朝人的消夜果可以说是非常丰盛了，《梦粱录》一书有描述宫廷内的消夜果："是日，内司意思局进呈精巧消夜果子合，合内簇诸般细果、时果、蜜煎、糖煎及市食，如十般糖、澄沙团、韵果、蜜姜豉、皂儿糕、蜜酥、小蚫螺酥、市糕、五色萁豆、炒槌栗、银杏等品。"

瞧瞧这眼花缭乱的菜单，既有宫廷美食，也有市井之物。平常百姓家虽不能享用宫中那些精致美味的消夜果，但也会尽力准备最好的消夜果。

　　除此之外，还有年馎饦这种特色美食。大家要是回到宋朝，问一个宋朝人除夕一定要吃什么，他会回"冬馄饨，年馎饦"，意思就是冬天要吃馄饨，除夕夜要吃馎饦。馎饦是宋代一种特色汤饼，是宋朝必不可少的除夕美食，通常是老幼围在一起吃，其乐融融，年味十足。

　　天快亮时，宋人会用一根挂着铜钱的竹竿用力敲打灰堆，以求来年顺顺利利、心想事成。在打完火堆之后，天也快要亮了，这时候千万不能睡，得赶紧去贴门神钟馗，为的就是将恶鬼、穷鬼挡在门外。如果谁忘了这回事，当他早起开门的时候，就会看见蓬头垢面的乞丐戴着青面獠牙的面具堵在他家门前，不让他出门。这时候只得分给他们一些钱，就当是破财消灾了。

　　除此之外，夜晚也有一些贫穷的人扮鬼来驱祟。《东京梦华录》卷十还记载："自入此月，即有贫者三数人为一火，装妇人神鬼，敲锣击鼓，巡门乞钱，俗呼为'打夜胡'，亦驱祟之道也。"

　　宋朝有小孩的人家还有一个习俗，那就是"小儿卖痴呆"。南宋范成大在《卖痴呆词》中写道："除夕更阑人不睡，厌禳钝滞迎新岁；小儿呼叫走长街，云有痴呆召人买。二物于人谁独无？就中吴侬仍有余；巷南巷北卖不得，相逢大笑相揶揄。栎翁块坐重帘下，独要买添令问价。儿云翁买不须钱，奉赊痴呆千百年。"痴呆其实并不是指具体东西，儿童卖痴呆就是为了将自己的痴和呆给送走。大人也会欣然接受，买份痴呆以祝愿自己的小孩以后聪明过人、洞悉世事。

宋朝人过年时会燃放烟花爆竹，还会点起绵延不绝的长街灯火。《东京梦华录》记载："是夜，禁中爆竹山呼，闻声于外。"宫中首先开始放爆竹，然后宫外继续，整个都城都是爆竹声音。"大内前自岁前冬至后，开封府绞缚山棚，立木正对宣德楼，游人已集御街两廊下。"从冬至以后，开封府便开始雇人在御街宣德楼前搭建彩山架子，平民百姓也逐渐聚集到御街两旁，看一场金碧相射、锦绣交辉的灯光表演。

宋人过年，有自己独特的年味儿。

▶ 小知识

> 江淮流落岂关天，禁省相望亦偶然。
> 等是新年未相见，此身应坐不归田。
>
> 白发苍颜五十三，家人强遣试春衫。
> 朝回两袖天香满，头上银幡笑阿咸。
>
> 当年踏月走东风，坐看春闱锁醉翁。
> 白发门生几人在，却将新句调儿童。

这是苏轼所写的《和子由除夜元日省宿致斋三首》。过年了，五十三岁的苏轼被家人强迫穿上春衫，头上还戴着银幡。

幡是一种金银罗彩制成的头饰，在元旦拜年时，宋朝皇帝也会赠送大臣金银幡，以示嘉奖。宋代普通百姓之间也会互相赠送。

元宵节有什么娱乐活动

正月十五闹元宵，元宵节在宋朝是非常隆重的节日，可以赏灯观景，也可以幽会佳人。欧阳修《生查子·元夕》写道："去年元夜时，花市灯如昼。月上柳梢头，人约黄昏后。今年元夜时，月与灯依旧。不见去年人，泪湿春衫袖。"这首词的意思是，月上柳梢时，在张灯结彩的京城街头，两个人自在游玩……今年元夜一切景象都与去年相似，但是却看不见那张熟悉的面孔，不禁潸然泪下。

在宋朝，元宵节被赋予了一层旖旎的色彩。《二刻拍案惊奇·襄敏公元宵失子 十三郎五岁朝天》中就写道："宋时极作兴是个元宵，大张灯火……然因是倾城仕女通宵出游，没些禁忌，其间就有私期密约，鼠窃狗偷，弄出许多话柄来。"在宋朝，元宵节一般都是通宵达旦，那么自然就会有些痴情男女趁着这机会，一解相思之苦。

当然，对于没有相思之苦的人来说，欣赏美景才是头等大事，如果我们回到了宋朝，自然要好好逛一逛宋朝的都城。

《东京梦华录》中记载："至正月七日，人使朝辞出门，灯山上彩，金碧相射，锦绣交辉。面北悉以彩结，山沓上皆画神仙故事……彩山左右，以彩结文殊、普贤，跨狮子白象，各于手指出水五道，其手摇动……自灯山至宣德门楼横大街，约百馀丈，用棘刺围绕，谓之'棘盆'。内设两长竿，高数十丈，以绘彩结束，纸糊百戏人物，悬于竿上，风动宛若飞仙。"

元宵节时，人们比肩接踵地走在都城里，看着远处金碧辉煌的灯火。在灯山的周围用彩带结着文殊菩萨和普贤菩萨横跨着狮子和白象的像，他们的五指汩汩流水。这些神仙人物栩栩如生，活灵活现。

人们路过灯山，往宣德门楼走去。临时演出场地里面的长竿纸上还画着数百个人物，微风吹过，像是天外飞仙。

除了这些，人们还能看到各种争奇斗艳的花灯。街上车水马龙，宫前火树银花，各家的姑娘都会"饰珰翠，佩珠犀"，打扮得光彩夺目。香药铺席、茶坊酒肆都会推出各种新奇的灯，有灯球、灯槊、绢灯笼、日月灯、诗牌绢灯、镜灯、字灯、马骑灯、凤灯、水灯、琉璃灯、影灯等。这些让人目不暇接的花灯遍布全城，就像是天上的银河掉落人间，灯火辉映。

◆◆ 宋·李嵩《观灯图》

若是走运，还能看见皇家建造的灯山。宫廷的花灯不仅奢华，还独一无二。

宋末元初周密创作的《武林旧事》中记载："禁中尝令作琉璃灯山，高五丈，人物皆用机关活动，结大彩楼贮之。又于殿堂梁栋窗户间为涌壁，作诸色故事……小窗间垂小水晶帘，流苏宝带，交映璀璨。中设御座，恍然如在广寒清虚府中也。"

皇家的琉璃灯山有五丈高，上面有各种各样由机关控制的人物。灯山贮藏在大彩楼里，在雕梁画栋的殿堂上，还可以看见上面惟妙惟肖的故事人物。彩楼的小屋里垂着水晶帘、流苏宝带，最中间还设置御座，就像是在广寒清虚府中一样。

大宋皇帝在元宵节都会与民同乐。

皇帝会"乘小辇，幸宣德门观鳌山。擎辇者皆倒行，以便观赏。山灯凡数千百种"。

皇帝还带来了御酒，叫作"金瓯酒"，排上队的人就可以免费喝一盏皇帝赏赐的御酒。

喝完酒之后，宋人还可以去猜灯谜，如果能多猜对几个，店家就会送一盏漂亮的花灯。宋朝还有专门研究谜语的组织，若是不幸跟他们撞上了，那么赢的概率就会大大降低。

宋人还能观赏奇术异能、歌舞百戏。《东京梦华录》中就记载了这些能人异士。比如赵野人擅长倒吃冷淘，张九哥会吞铁剑，李外宁药法傀儡玩得很好，小健儿可以吐五色水、旋烧泥瓦子，榾拙儿会耍杂剧，王十二的剧术，邹遇、田地广的杂扮，苏十、孟宣的筑球等都非常吸引人。

还有猴演百戏、鱼跳刀门、使唤蜂蝶、追呼蝼蚁等各种各样的表演，让观众不肯离去。

在观赏完毕之后，宋人最喜欢去的地方是酒楼，在高耸的酒楼里不仅可以饮酒看舞，还能观赏城里美景，甚至还能在这元宵之夜结识各种各样的朋友，一醉方休。

对喝酒不感兴趣的人会去逛逛小吃街。元宵，也叫"浮元子""元宝"，在这一天，这样的食物自然也少不了。让人惊讶的是，在宋朝还有炸元宵这种吃法。元宵有各种各样的馅，如芝麻、玫瑰、豆沙、白糖、果仁、枣泥，甚至还有荤馅儿。

宋代人元宵放灯的时间大概为三天，因此要是我们回到宋朝，还可以在这样的盛景中多玩乐几天。

▶ 小知识

> 东入吴门十万家，家家爆谷卜年华。
>
> 就锅排下黄金粟，转手翻成白玉花。
>
> 红粉美人占喜事，白头老叟问生涯。
>
> 晓来妆饰诸儿子，数片梅花插鬓斜。

这首诗是清代学者赵翼作品中收录的一首诗，叫《爆孛娄诗》，孛娄就是糯米花，其实，早在宋朝时，苏州地区就出现了爆米花。

南宋名臣、文学家范成大在《吴郡志·风俗》中记载："上元……爆糯谷于釜中，名孛娄，亦曰米花。每人自爆，以卜一年之休咎。"

从这段文字可知，爆米花，在宋代不仅是食物，还是一种占卜工具，要是爆米花的成色好则代表着收成好，而姑娘们也会以此来算一下自己的终身大事。

宋朝的寒食节

寒食节不能用火，这个传统已经延续很久了。

传说晋文公流亡时期得到介子推相助，后来归国即位，介子推不愿意卷入朝廷纷争，于是与母亲一起隐居山中。晋文公原本想通过放火烧山逼介子推露面，可是介子推却宁死不屈，抱着母亲被烧死在树下。为了纪念介子推，晋文公规定在这一日禁止生火。

除此之外，还有一种说法是古时没有火柴等点火工具，只能让火堆日日燃着，但是为了沿袭远古的改火旧习，一年内需要将火堆熄灭一次再燃起。因为古人发现春季气候干燥，保存了一年的火种容易引燃干草，而且春雷发生也易引起山火。于是古人就会灭掉火种，即是"禁火"，一天过后，再取出新火，作为新一年生产与生活的起点，谓之"改火"或"请新火"。因此在这一日要举行隆重的祭祀仪式，到了后来逐渐演变成寒食节。

孟元老《东京梦华录》记载："清明节，寻常京师以冬至后一百五日为大寒食，前一日谓之炊熟。"也就是说寒食节之后就是清明节，因此寒食节与清明节的活动大多都连在一起。

宋代金盈之在《醉翁谈录》中记载："又谓寒食为一月节者，自一百四日人家出，修墓祭祀，如是经月不绝，故俗传有一月节之语。"在寒食节这一个月，宋朝人几乎都不歇着，祭祀扫墓，春游踏青，买节令玩具与吃食等一个个习俗接踵而至。

寒食节不能点火，那宋朝的老百姓都吃些什么呢?

宋朝人会在前几天把饭菜准备好，有醴酪、环饼、枣馃飞燕、染青饭等特色美食。

宋人一般用粳米熬一锅黏稠的粥，熬好后加一些甜甜的糖稀搅拌均匀，醴酪就做好了。北宋词人宋祁在《寒食假中作》一诗中写道："草色引开盘马路，箫声催暖卖饧天。"在寒食节，宋人会挑着糖稀在大街小巷卖，他们不吆喝叫卖，而是吹箫。要是人们在宅子里听到门外渐行渐近的箫声，那就是卖糖稀小贩来了。

除了糖稀，雀麦草汁也可以拿来做美食，比如说青团子里就有雀麦草汁。用糯米加点雀麦草汁做皮，再加点玫瑰枣泥或白糖豆沙的馅，香喷喷的青团子就做成了。

枣馃飞燕，也叫"子推燕"，是一种面点。《东京梦华录》记载：

"用面造枣𥹩飞燕，柳条串之插于门楣，谓之子推燕。"子推燕据说是从前用来祭拜介子推的祭品，这种面点形状和燕子一样，宋人还会将它们用柳条串起来挂在门楣上。

染青饭，顾名思义，也就是染成了青色的饭。宋代陈元靓编撰的《岁时广记·零陵总记》记载："杨桐叶、细冬青，临水生者尤茂。居人遇寒食采其叶染饭，色青而有光，食之资阳气。谓之杨桐饭，道家谓之青精饭、石饥饭。"

咸鸭蛋、米酒、冻姜豉都可以在寒食节吃。总的来说，宋朝寒食节吃食的种类还是非常丰富的，不然也不会有"馋妇思寒食，懒妇思正月"这个俗语。

宋朝寒食节还有一些其他的活动，如上坟、郊游、插柳、斗百草等。

苏辙曾经写过"寻芒空茂木，斗草得幽兰"。斗百草的人为了收集到更多种类的花草，都会选择去荒郊野外、深山老林里面找寻稀奇的花草，这样斗赢的概率才会大大增加。

斗百草，"斗"字自然说明这是一场有输赢的游戏，"百"说明花草的种类非常多，参赛的人把自己收集的花草摆在桌面上，然后一人报一种花草名，另一个人也得拿出同种的花草，这样一轮一轮地玩下去，直到最后分出胜负。

李清照在《浣溪沙》中写道："淡荡春光寒食天，玉炉沉水袅残烟，梦回山枕隐花钿。海燕未来人斗草，江梅已过柳生绵，黄昏疏雨湿秋千。"江梅已谢，柳絮飞扬，当春意盎然之时，闺阁少女也会玩斗百草。

175

李清照和她的朋友们在青山郊游，四处搜集奇花异草，然后斗百草，这不仅可以打发时间，还能够欣赏美景。

北宋诗人梅尧臣就曾写过一首《湖州寒食陪太守南园宴》："寒食二月三月交，红桃破颓柳染梢。阴晴不定野云密，默默鼓声湖岸坳。使君千骑出南圃，歌吹前导后鸣铙。是时辄预车马末，倾市竞观民业抛。竹亭临水美可爱，喧哗草木皆吐苞。游人春服靓妆出，笑踏俚歌相与嘲……"

寒食节，正是桃红柳绿的季节，游人穿着春日衣裳竞相踏青，在野云密布下的湖边，还能听见若有若无的鼓声和清脆的歌声。竹亭草木，车马游客，欢声笑语构成了一幅寒食节美景。

▶ 小知识

> 野店垂杨步，荒祠苦竹丛。
>
> 鹭窥芦箔水，鸟啄纸钱风。
>
> 媪引浓妆女，儿扶烂醉翁。
>
> 深村时节好，应为去年丰。

这首诗是范成大所作的《寒食郊行书事》。垂柳飘扬下，村野小店若隐若现，荒祠的周围苦竹丛生，白鹭窥伺着席子上的水，鸟儿啄食着随风飘散的香灰钱屑，老媪领着浓妆艳抹的女儿，儿子扶着烂醉的老父亲。

在南宋，寒食扫墓不仅为了祭拜先人，更是为了去郊外欣赏美景，并没有太多悲伤的气氛。

宋朝文艺青年的节日——花朝节

　　花朝节，名字听起来就有一种文艺范儿，对宋朝的文人墨客来说，花朝节就是当时文艺青年的聚会。在这一天，他们会种花栽树、吟诗赋词、传花令、抽花签，在观赏美景的时候秀一波自己的才艺。

　　《梦粱录·二月望》记载："仲春十五日为花朝节。浙间风俗以为春序正中，百花争放之时，最堪游赏。"每年二月半，百花竞相开放的日子就是花朝节，在这天，外出赏花的游人万头攒动，摩肩接踵。

　　花朝节，也叫花神节、百花生日，这一天的天空往往一碧如洗、万里无云，下雨更是少见。在宋朝，在花朝节这一天甚至会停市，万人空巷去郊游，场景就如北宋词人曹组所作《声声慢》中写的那样："陆海人山辐辏，万国欢声。登临四时总好，况花朝、月白风清。丰年乐，岁熙熙、且醉太平。"花朝节的盛况也表现了百姓的安居乐业。

在花朝节这一天，有祭花神的活动。传说一月的花神是梅花，二月杏花，三月桃花，四月牡丹，五月石榴，六月莲花，七月玉簪花，八月桂花，九月菊花，十月芙蓉，十一月山茶花，十二月水仙花，虽然有不同说法，但是大多都相似。

宋人会在庙里面对着花神像烧香祭祀，在袅袅青烟中，人们虔诚地祭拜花神。除了祭祀，还有赏红这一习俗。豆蔻年华的少女认真地将红线、五彩纸、绸带绑在花枝上。晚上，人们还会在树梢挂上"花神灯"，到处张灯结彩、喜气洋洋。

赏红这一习俗来源于一个传说。在唐朝天宝年间的早春，一位名叫崔元徽的女子在园中品茗赏花，突然来了一群容貌端庄的女子，对她说她们遇到了困难，因为风神的阻止，她们这些花神没有办法如期开花，希望崔元徽能够助她们渡过难关。崔元徽同意了，然后准备了一些锦帛，在上面画上日月星辰，于二月二十一日这一天，将它们悬挂在花枝上，这一天狂风大作，但是花朵一枝未落。最后，崔元徽活了一百岁后登仙，这个做法也传承了下来。

宋朝人讲究雅致，那些文人骚客喜欢郊游雅宴，在春风沉醉的日子里饮酒赋诗。在这一天，有美酒名花、才子佳人，但是光赏花还差一点儿意思，宋人还会在这一天种花。

宋朝时期洛阳、彭州的牡丹、扬州的芍药，还有成都海棠都闻名天下。《东京梦华录》记载："大抵都城左近，皆是园圃，百里之内，并无阒地。次第春容满野，暖律暄晴，万花争出粉墙，细柳斜笼绮陌。"在京都，有很多花圃，对于宋朝人来说，种花是一件怡情并能够赚钱的劳动。

在花朝节这天，宋朝的花农与散客都会种花，期盼来年能够欣赏自己亲手种出的一斛春。

苏辙写的《种花二首·其一》云："筑室力已尽，种花功尚疏。山丹得春雨，艳色照庭除。末品何曾数，群芳自不如。今秋接千叶，试取洛人余。"宋朝的士大夫喜欢在家中种花来陶冶情操。

花朝节这一天除了争奇斗艳的百花，还有漫山遍野的蝴蝶。南宋杨万里所撰《诚斋诗话》中说："东京二月十二日曰花朝，为扑蝶会。"一群簪花女子穿着罗裙，手执团扇，皓腕凝霜雪，她们在山野间扑着蝴蝶，周围落英缤纷，莺歌燕舞。试想一下这个场景，一定非常浪漫旖旎。

热爱簪花的宋朝女性自然不会在花朝节这一天顶着空荡荡的发髻出来游玩。司马光在《送酒与邵尧夫因戏之》中写道："林下虽无忧可消，许由闻说挂空瓢。请君呼取孟光饮，共插花枝煮药苗。"

传花令在宋朝也非常流行。一群人围在一起击鼓传花，令官手上拿着花枝，另一个人击鼓或者敲瓶，座客依次传递花枝，声音停止后，花枝在手者饮酒或者作诗。这种玩法非常适合追求雅致的宋朝人，既有名花作陪，还有好诗可赏，如果有条件，还可以吃上花糕，这种生活真是怡然自乐。

除了传花令、吃花糕，宋人还会在花朝节挖野菜。上到皇亲国戚，下到平民百姓，都会在这天来到菜园子里挖点野菜。宋朝的野菜有蕨菜、苦菜等，用这些野菜可以做成各种各样的美食。

▶ 小知识

蔓菁宿根已生叶，韭芽戴土拳如蕨。

烂蒸香荠白鱼肥，碎点青蒿凉饼滑。

宿酒初消春睡起，细履幽畦掇芳辣。

茵陈甘菊不负渠，鲙缕堆盘纤手抹。

北方苦寒今未已，雪底波棱如铁甲。

岂如吾蜀富冬蔬，霜叶露牙寒更茁。

久抛菘葛犹细事，苦笋江豚那忍说。

明年投劾径须归，莫待齿摇并发脱。

这首诗是苏轼所作的《春菜》。蔓菁、韭芽、荠菜、青蒿等蔬菜在诗中一一呈现。诗人一挥锅铲，就制作出了"荠菜蒸白鱼""青蒿拌凉饼"这两道诱人的菜。诗人在诗中认为北方冬天生活艰苦，不如蜀地在冬天还蔬菜丰盛。

宋朝的士大夫觉得，吃山蔬野菜是自己淡雅的生活态度的体现，甚至在交友时，也会互相赠送名贵的蔬菜。

宋朝的女儿节——乞巧节

　　每年农历七月七日，宋朝的女子在天刚亮时就要开始忙碌了。

　　她们梳洗打扮后就开始打扫屋子。如果是富贵人家的话，会在庭院中搭起一座美轮美奂的彩楼，也就是"乞巧楼"，就像是南唐诗人李中所写的诗句"星河耿耿正新秋，丝竹千家列彩楼"形容的那样。

　　那乞巧楼究竟是什么模样呢？《岁时广记》中记载："京师人七夕以竹或麻秸编而为棚，剪五色彩为层楼，又为仙楼，刻牛女像及仙人等于上以乞巧。或只以一木剪纸为仙桥。于其中为牛女，仙人列两傍焉。"

　　七夕节起源于牛郎织女的神话传说。按照《岁时广记》的说法，在七夕节这一天，京都的百姓会用竹子或者麻秸秆编成棚，然后在上面装饰五彩丝绸带做成仙楼，并且刻上牛郎织女与一众仙人的像；或者是用剪纸建一座仙桥，牛郎织女在上面行走，仙人们位列两边。

宋朝女子会制作各种各样奇巧的小玩意儿，来向织女星乞求智巧，那么怎样乞巧呢？有两种方式。一种是用穿针来乞巧。针的种类五花八门，有双孔针、七孔针等。七孔针平时用不上，在七夕时使用就是为了祈祷自己以后可以心灵手巧，就像唐代诗人林杰所写的那样"家家乞巧望秋月，穿尽红丝几万条"，成千上万的女子在这一天对月穿针，祈求织女赐巧。

还有一种是用蜘蛛乞巧。宋朝女子会在这一天捉一只蜘蛛，放在小盒子里面，第二天打开盒子，要是有蜘蛛结出的网，那就意味着"得巧"，蜘蛛网自然越稠密越好；又或者是在七夕的夜里，在庭院里陈列瓜果，要是第二天起来发现上面结了蜘蛛网，那么也算是乞到巧了。

还有一些地区有"巧竿"的习俗。南宋时期的《嘉泰会稽志》中记载："七夕立长竿于中庭，上设莲花，谓之巧竿，以酒果饼饵祭牛女，盖乞巧也。"在院子中立一个带莲花的长竿，在上面用美酒、水果、米饼等来祭祀牛郎织女，这也是当时一种流行的方式。

宫廷的乞巧楼自然更为繁华，宋朝宫廷乞巧传承自前朝。五代王仁裕《开元天宝遗事》记载："宫中以锦结成楼殿，高百尺，上可以胜数十人，陈以瓜果酒炙，设坐具，以祀牛、女二星。嫔妃各以九孔针、五色线向月穿之，过者为得巧之候。动清商之曲，宴乐达旦。"宫廷里的彩楼高百尺，上面陈列了瓜果酒炙以及坐具，用来祭祀牛郎和织女。妃子们在这一天也会手持细针，对着月亮穿线，周围还有舞女乐伎舞蹈歌唱，通宵达旦，彻夜不眠。

平民百姓除了在家中过乞巧节，还可以上街游玩，不过七夕节那天人实在是太多了。《醉翁谈录》记载："七夕，潘楼前买卖乞巧物。自七月一日，车马嗔咽，至七夕前三日，车马不通行，相次壅遏，不复得出，至夜方散。"

宋朝人还会在街上卖东西。《梦粱录》中写道："七月七日谓之七夕节……内庭与贵宅皆塑卖'磨喝乐'，又名'摩睺罗孩儿'，悉以土木雕塑，更以造彩装襕座，用碧纱罩笼之，下以桌面架之，用青绿销金桌衣围护，或以金玉珠翠装饰尤佳。"这个"磨喝乐"就是我们之前提到的磨合罗，这种玩具在七夕时非常流行。磨合罗装饰精巧，不缺衣帽、钗镯、佩环、珍珠等，俨然一个缩小版的真人娃娃。若是家里有小孩，有条件的父母大多会买一个送给他。

在乞巧节这天，"倾城儿童女子，不论贫富，皆着新衣"，那些穿着新衣服的孩童和女子在街上买磨合罗以及美食等，欢度乞巧节。

宋朝的乞巧节有什么美食呢？爱吃的宋朝人自然有独特的想法。

首先，巧果必不可少，也就是"乞巧果子"，这是一种糕点，《东京梦华录》中把它叫作"笑厌儿""果实"。制作巧果要先将糖融成糖浆，然后与面粉、芝麻等搅拌均匀，再摊在案上擀薄，晾凉后用刀切成条形。那些心灵手巧的宋朝女子会把它们捏成各种各样的形状，最后放入油锅中炸。

《梦粱录》中记载："以红熁鸡、果食、时新果品互相馈送。禁中意思蜜煎局亦以'鹊桥仙'故事，先以水蜜木瓜进入。"宋朝宫廷中还会将蜜瓜雕成鹊桥仙的模样，叫作"花瓜"，一般会选择圆滚滚的瓜果，意味着圆满。独乐乐不如众乐乐，宋朝人还会将这些瓜果糕点互相赠送，让大家一起尝一尝。

▶ 小知识

> 络角星河菡苕天，一家欢笑设红筵。
>
> 应倾谢女珠玑箧，尽写檀郎锦绣篇。
>
> 香帐簇成排窈窕，金针穿罢拜婵娟。
>
> 铜壶漏报天将晓，惆怅佳期又一年。

这首诗是唐朝诗人罗隐所作的《七夕》。农历的七月七日，传说是牛郎织女鹊桥相会的日子。

在荷花盛开的季节。在天上，牛郎织女一家人其乐融融，并肩看着星宿银河；在人间，一对夫妻有说有笑地在院子里办宴席。女子倒空箧子里的珠子，要男子写下关于七夕的锦绣诗篇放入箧中。在暖和的香帐中，金针穿罢，铜壶漏断，天马上就要亮了，而天上的牛郎织女又要分别了。此时，人间的快乐胜过天上。

宋朝的乞巧节与唐朝差不多，在这一天，宴席、穿针等活动都不能少。

宋朝的生育禁忌

古代婴儿的成活率非常低，宋朝也不例外，光是皇子皇女的夭折率就将近一半。最惨的是宋宁宗，他的九个儿子和一个女儿竟然一个都没有存活下来。

婴儿成活率低，大概率还是因为医疗手段过于落后，新生儿得不到有效的护理。但重视后嗣的宋朝人还是会想办法提高婴儿存活率。

首先，在怀孕之前，宋人会举办一系列的求子活动，祈求上天能赐给自己一个儿子，比如说吃一些如新葫芦一类的特殊的食物。《岁时广记》还记载："正月雨水，夫妻各饮一杯，还房获时有子，神助也。"意思是在春天的第二个节气雨水降临之时，夫妻各喝一杯雨水。

除此之外，宋朝女子在怀孕后，想吃兔子不行，想吃烤鸭不行，想吃驴肉更是不行，原因是宋人认为吃这些食物对生产不利。南宋朱端章所撰的《卫生家宝产科备要》中记载："食兔肉令子缺唇，食雀肉令子盲，食羊肝令子多患，食鸭子令子倒行，食鳖肉令子项短，食驴肉令子过月，食干姜蒜令胎不安。"这些都是宋人怀孕时的饮食禁忌。

宋人认为：吃兔肉生下的小孩会得兔唇；吃麻雀肉生下的小孩会眼盲；吃羊肝生下的小孩会容易生病；要是吃了鸭子，生下的小孩容易倒行；乌龟的脖子短，吃了之后生下的小孩脖子会短；驴的孕期比人长，要是吃了驴肉怀胎就不止十个月了，说不定要一年；吃干姜蒜则会让胎儿躁动不安。

《卫生家宝产科备要》卷二收录的《孙真人养胎论》篇中还写道："妊娠食鸡子及干鲤鱼，令子多疮。妊娠食鸡肉、糯米，令子多寸白虫……妊娠食雀肉并豆酱，令子满面多黑子。妊娠食雀肉、饮酒，令子心淫情乱，不畏羞耻。妊娠食鳖，令子项短。妊娠食冰浆，绝胎。妊娠勿向非常之地大小便，必半产杀人。"吃雀肉配豆子酱，宝宝脸上会长黑斑；要是吃冰浆，产妇恐怕还会生不出小孩。

那么宋朝孕妇能吃什么呢？

枣子、栗子都可以吃。枣子包含生枣，有"早生"的寓意；栗子的谐音是"利子"，听起来就很吉祥。

宋朝孕妇的饮食禁忌我们还可以理解，但是在产妇生产时，宋朝人的某些做法就过于夸张了。要是胎儿的胎位不正常，比如说脚先出来，宋人就会用朱砂在婴儿的脚上写上父亲的名字，他们认为这样胎儿就会乖乖出来了。如果难产，宋人就给孕妇吃一些很滑的东西，比如说猪油，他们认为这样可以润滑产道，使孩子顺利降生。除了这些做法，宋人还会用其他各种各样、奇奇怪怪的方式接产，所以婴儿出生还需要运气加持。

宋朝皇室对孩子的出生是非常谨慎的。在妃子怀孕后，御医就会通过内侍省的起居注来推断预产期，然后着手准备。在生产之前一两个月，太医局就会派人日夜值班，要是孕妇有一点儿不适，几分钟之内御医就会赶到。

不仅如此，接生婆、洗泽人、乳娘都会提前准备好。在生产的那一天，御医会向皇室转述当时的情况，就像现在的电视转播，不过当时没有话筒，只能通过小黄门跑来跑去传递生产时的真实情况。

即使产前已经做了最好的准备，婴儿的存活率还是低得吓人。为了鼓励生育，朝廷付出了很大的努力。

在民间，要是因为女子怀孕而无法工作，家庭因此丧失了一份生活来源，政府就会给钱、给粮食，甚至还减免丈夫一年的徭役。

如果养不起孩子，宋朝政府也会采取措施："州县乡村五等、坊郭七等以下贫乏之家，生男女而不能养赡者，每人支免役宽剩钱四千。"这些钱足够让父母养活自己的孩子了。

要是父母实在不想养孩子了，把孩子丢到路边，有人把他们抱回家养了，政府还会嘉奖那些收养孩子的人，认为这是大功一件。"如上户士大夫家能收养五十口，具名以闻，乞行旌赏，州县官措置支给钱米。收养百口至二三百口者，具名以闻。"不仅如此，要是有人收养了被遗弃的小孩，亲生父母想要在孩子养大之后认回是不允许的。

有些积德行善的士大夫还会设立"举子仓"来照顾被遗弃的小孩，相当于现在的儿童福利院。明朝杨士奇等人编撰的《历代名臣奏议》记录了南宋名臣赵汝愚对创办举子仓的建议："应福建民户寺观绝产，自今并不许出卖，专一拘检，令常平司置籍岁收其租，通融以充一路养子之费，其不足处，月支常平钱米，提举官逐岁稽考，按治州县，须依原降指挥，常切验实当官散给，务要实惠及民。"

宋朝官员会用一些被没收的田产救助弃婴，如果不够，还可以按月去支取银子。宋朝政府还会将弃婴救助纳入官员的考核，救助弃婴不仅可以让官员获得心理上的满足，还可以帮助他更好地升迁。

在宋朝，虽然孩童的夭折率高，但是政府还是竭尽所能，帮助他们健康成长。

▶ 小知识

> 打生打生，打尔何不把孩生。
> 跪神前，请薄惩，袒而鞭之呼声声。

这是一首《打生歌》。"打生"又称"拍喜"。在封建迷信思想的影响下，宋朝女子要是多年没有生育，会被认为是身上有"邪气"，因此丈夫与公婆就会找人"打生"，即用鞭打等暴力的方式来帮助妻子祛除"邪祟"。

宋人如何处理丧事

宋朝人如何处理身后事呢？首先，受到儒、佛、道三教的影响，宋人认为要是死后不做法事，会在地狱中受到种种磨难，甚至没有办法投胎为人。

宋朝的士大夫大部分支持简葬。北宋名臣王旦在临死前就告诫家族子弟："我家盛名清德，当务俭素，保守门风，不得事于泰侈，勿为厚葬以金宝置柩中。"王旦提出死后要简葬，甚至不允许将金器放在棺椁之中，就怕败坏门风。

虽然王旦、欧阳修、范仲淹、司马光等人都提倡简葬，但是大部分宋朝人持反对意见。宋朝人的墓葬大部分还是比较奢华的，有点积蓄的人家都会好好装饰一下自家的墓地。

宋朝风雅，崇尚诗词歌赋，墓志铭自然也要好好润色一番。一般人都会请优秀的墓志铭写手来帮忙，也有人自己为自己写墓志铭，让自己的墓志铭更有特色。据说，宋朝时有一个叫杨一笑的人，他的墓志铭就让人捧腹大笑："初从文，三年不中；后习武，校场发一矢，中鼓吏，逐之出；遂学医，有所成。自撰一良方，服之，卒。"

这则墓志铭是说，墓主人年少时走科举之路，三年不中；后来习武，在校场射了一支箭，结果射中了掌鼓的官吏，被赶了出来；接着去学了医，给自己开了一服药，服下去后死了。

这则墓志铭是真是假我们并不知道，然而像这样有趣的墓志铭在多年之后，也能让人忍俊不禁，对墓主人产生好奇。当然这是一个另类，大部分人的墓志铭都规规矩矩地交代了逝者的生平，或者是表达了亲人对逝者的思念。

比如，一位父亲这样为自己早夭的孩子写墓志铭："呜呼！吾儿明眸丰颊，歧嶷如成人，其慧悟又异甚。吾故疑其苗而不秀也。悲夫！"这个小孩生前早慧，长的也是曲眉丰颊，他的父亲曾担心自己的孩子资质虽好，但长大后无法有所成就。可这个孩子过慧早夭，这是多么令人悲痛的一件事。

平民百姓只能写墓志铭，但那些王公大臣还可以用神道碑来记录自己的生平。宋朝神道碑上的文字越写越多，而且一般都是有身份地位的人才能写，苏轼就曾经为司马光写过神道碑。

宋朝火葬盛行，江少虞所编辑的《宋朝事实类苑》就记载道："河东人众而地狭，民家有丧事，虽至亲，悉燔爇，取骨烬寄僧舍中。以至积久，弃捐乃已，习以为俗。"火葬渐渐成为习俗，主要的原因就是宋朝的地价太贵了，墓地价格自然也是水涨船高。

但是这是对穷人而言，富人崇尚火葬还有其他原因，比如相信火神会将死者带到极乐世界，这让一些富人非常心动，甚至不惜一切也要将自己火葬。

可宋代有些皇帝反对火葬。北宋王称所撰《东都事略》就提到宋太祖赵匡胤曾经下了一封诏书："王者设棺椁之品，建封树之制，所以厚人伦而一风化也。近代以来，遵用夷法，率多火葬，甚愆典礼，自今宜禁之。"赵匡胤认为火葬是蛮夷之俗，简直是有伤风化。但是穷人一般还是会选择火葬，毕竟皇帝只管下诏又不给买墓地的钱。有些皇亲国戚还带头火葬，宋朝朝廷也管不过来。

宋朝人火葬之后的骨灰一般都装在木盒或者陶罐里，然后放入棺材之中，或者直接放在家里面，以方便祭祀。要是实在没有钱，家里面也不方便存放骨灰，还可以寄存在接收骨灰的寺庙里。要是连寄存在寺庙的钱也没有，一般就只好撒在水中或者直接扔到荒郊野岭了。

宋朝人比较迷信风水，家中有些薄产的都会选一块好墓地。司马光曾经在《葬论》中说："世俗信葬师之说，既择年月日时，又择山水形势，以为子孙贫富贵贱，贤愚寿夭尽系于此……"也就是说，宋朝人下葬的时辰和墓地都会请专门的风水先生来确定，他们认为这样才能够保证家道兴旺。

风水大师怎么说，逝者子孙就会怎么办，即使风水大师说几年后才能下葬，他们也会照做。有些士大夫对此十分不满，甚至严厉批判这种行为，不过也无济于事。

▶ 小知识

> 回首东都老泪垂，水晶遗注忍重窥。
>
> 南朝还有伤心处，九庙春风尽一犁。

这首诗选自《南宋杂事诗》。宋朝的皇陵规模很小，但是被捣毁得相当严重。

元代为了巩固统治，将宋朝皇陵的地表建筑用马匹踏为废墟，鹊台、乳台、山门、角阙都付之一炬，这也是"九庙春风尽一犁"的由来。南宋的皇陵也惨遭破坏，甚至连墓里的尸骨都被抛弃到荒郊野外。

春社、秋社是什么

在宋朝，春天祭祀社神的日子叫作春社，秋天祭祀社神的日子叫作秋社。在这两个重要的日子里，宋人都会用自己独特的方式来庆祝。

宋朝《统天万年历》是这样规定的："立春后五戊为春社，立秋后五戊为秋社……国朝乃以五戊为定法。"从立春这一天算起，第五个戊日为春社；从立秋开始计算，第五个戊日为秋社。

梅尧臣《春社》一诗中描写了春社的场景："年年迎社雨，淡淡洗林花。树下赛田鼓，坛边伺肉鸦。春醪酒共饮，野老暮相哗。燕子何时至，长皋点翅斜。"细雨朦胧，花枝树影淡雅如水墨画。百姓在土坛上用石头砌一座没有屋顶的屋子，上面贴着写有"社稷之神"的红纸。在祭祀之后，百姓在周围撒肉来喂盘旋在周围的乌鸦。雨后初晴，飞燕归来，似乎还能听到远处沉闷的鼓声。

春社这一天，宋人一般会吃鐾饼、漫泼饭和社糕，还能一品社酒。

那种卷着时蔬的薄面饼带着春天的气息。漫泼饭味道也是一绝，炒鸡蛋、猪羊肉、青蒿菜、芫荽、韭菜浇在饭上，饭粒粒饱满。宋人会在社日给邻居送社糕，这也是一种礼节，可以促进邻里关系和谐。而收到社糕的宋人以社酒作为回礼。《东京梦华录·秋社》记载："八月秋社，各以社糕、社酒相赍送。"陆游的《春社》也写道："社肉如林社酒浓，乡邻罗拜祝年丰。"浓烈的社酒也是村酒家酿，是春社、秋社的必备之物。

陆游的《游山西村》中就描写了农村的社日场景："莫笑农家腊酒浑，丰年留客足鸡豚。山重水复疑无路，柳暗花明又一村。箫鼓追随春社近，衣冠简朴古风存。从今若许闲乘月，拄杖无时夜叩门。"除了待客的鸡肉、猪肉，村里的长辈还会给村民分社肉、社粥之类的食物。

富贵人家的社饭更为丰富。《东京梦华录》中记载："贵戚、宫院，以猪羊肉、腰子、奶房、肚肺、鸭饼、瓜姜之属，切作棋子片样，滋味调和，铺于饭上，谓之'社饭'。"将猪肉、羊肉、瓜果、奶酪等切成棋片状，撒点姜与蔬菜，再加点调味品，然后铺在米饭上，最后上蒸笼蒸熟，这就是社饭了。富人家可以用羊肉等昂贵食材，而普通人家只能用便宜的猪肉。

皇帝会在社日祭祀社稷之神，也就是去社稷坛象征性地扶犁种地。社神是土地神，稷神是谷神，皇帝祭祀社稷之神为的就是保佑整个王朝在这一年五谷丰登，百姓平安。

社日规矩还有很多：不能赖床，否则以后会长一张黄脸；不能上班，否则会越忙越没有收获；不能上学，否则越学越学不会。

社日除了祭祀，也是走亲戚的好时候。秋社有回娘家的习俗，宋朝已婚女子一般会拎着鸡鸭与美酒，带着自己的儿女回到娘家，此时娘家也会准备一些东西来迎接外甥，比如说葫芦、枣子等食物，他们认为这些食物"宜良外甥"，也就是会给外甥带来好运。

社日也是一家人聚在一起宴会的日子。宋朝与唐朝有关社日的风俗差别不大，唐朝政治家、文学家苏颋就写过："鸣爵三农稔，句龙百代神。运昌叨辅弼，时泰喜黎民。树缺池光近，云开日影新。生全应有地，长愿乐交亲。"在这一天，上自王公贵族，下至黎民百姓，都会与家人聚在一起吃喝玩乐，也会一起吟诗作赋。

对于小孩子来说，社日这两天也与众不同。私塾的老师会收取一定的费用来办"社会"，相当于一场盛大的班会。

一些白席人、民间艺人会被邀请到村里表演，村民们聚在一起聊聊天，看看表演，吃好喝好之后，大家带着花篮、社糕还有瓜果社肉等心满意足地回家去。

> 社公沐发望年丰，岂谓雨余仍苦风。
>
> 未报田间禾颖秀，但惊堂上燕巢空。
>
> 里人分胙祈微福，稚子爬沟拟乞聪。
>
> 老病不知秋过半，谩乌新酿要治聋。

　　这首诗是宋代诗人李廌所作的七言律诗《社日书怀》，在社日这一天，除了有分社肉、祭拜社稷之神的活动，家长还会带孩子爬土沟，这个活动叫作"乞聪明"，希望孩子能够越来越机智。

　　宋朝人还认为社酒可以治疗耳聋，因此在这一天也会让听力下降的老人多喝点社酒。

第七章

幼也知孝让，
居然合礼仪

宋朝人精致的一天（上）

凌晨四更，山里面的寺庙就敲响了晨钟。《梦粱录》中记载："每日交四更，诸山寺观已鸣钟，庵舍行者头陀，打铁板儿或木鱼儿，沿街报晓，各分地方。"那些庵舍中的僧人还会沿街报晓。此时，官员要起床了，做生意的也要起来开店门迎客，猪肉铺、羊肉铺还要迎接那些一早就被农夫从乡村赶来的猪羊。

宋朝的僧人不仅报时，还做天气预报。"若晴则曰'天色晴明'，或报'大参'，或报'四参'，或报'常朝'，或言'后殿坐'；阴则曰'天色阴'；晦雨则言'雨'。"每天早晨，必报天气。"虽风雨霜雪，不敢缺此。"宋人要是早起遇到这些僧人，一般都会布施，这是心照不宣的约定。

宋人早上也刷牙洗脸。在宋朝的时候，就已经有牙刷了。宋人周守忠所著的《养生类纂》记载："早起不可用刷牙子。恐根浮兼牙疏易摇，久之患牙痛。盖刷牙子皆是马尾为之，极有所损。"周守忠并不支持早上用牙刷刷牙，担心马尾制的牙刷损伤牙齿。北宋时，宋人会在牙刷上蘸一点儿青盐与中药制成的牙粉来刷牙。

有些僧人会制作"牙香筹"，这个东西由香料和药材制成，在模具中被压成牙刷的样子，相当于一把便捷的牙刷，人们还可以将它放在袋子里挂在腰间，便于携带。

在东京有专卖牙刷的店铺，人们可以直接购买，《梦粱录》中就记载："狮子巷口有凌家刷牙铺，金子巷口有傅官人刷牙铺。"

洗漱完毕后，要是家中没有准备早饭，就得出门买了。"早市供膳诸色物件甚多，不能尽举，自内后门至观桥下，大街小巷，在在有之，不论晴雨霜雪皆然也。"不管春夏秋冬，在大街小巷，小吃店与小吃摊在清晨都会开张。天还没有亮，但是早市早已灯火辉煌。那些害怕耽误上朝而来不及在家吃早饭的官员，就会买好早点揣在怀里，急忙忙地往宫里赶，甚至有时还会不小心烫着手。要是官员没有吃早饭，到了宫里，皇帝有时候则会赏赐一些给他们。

《萍洲可谈》中记载："朝时自四鼓，旧城诸门启关放入，都下人谓'四更时，朝马动，朝士至'者，以烛笼相围绕聚首，谓之'火城'。宰执最后至，至则'火城'灭烛。大臣自从官及亲王驸马，皆有位次，在皇城外仗舍，谓之待漏院，不与庶官同处。"这些官员四更就离家上朝，此时天还没有亮，手上提着的灯笼汇聚成海，皇城就像是"火城"一样，直到宰相来了，他们才熄灭灯笼。

　　接下来，上朝的官员签到完毕，等待上朝。上朝虽然比较累人，但是宋朝公务员的福利还是很多的。清代学者赵翼研究发现，宋代官员除了工资，还有各种额外补助，比如"有茶酒厨料之给、薪蒿炭盐诸物之给、饲马刍粟之给、米面羊口之给。其官于外者，别有公用钱……选人、使臣无职田者，别有茶汤钱"。朝廷有专门的机构来派发茶米油盐、鸡鸭鱼肉，还有马的饲料等。这样一想，官员们上朝也会更有精气神吧。

◆◆ 宋·马和之《孝经图》中的大朝会场景

巳时朝会就结束了，官员下朝回到家中继续办公，有一些还要在京中巡视，或者是指挥下属办好皇帝交代的任务。

　　男人在外面上班，女子大多会在后院厅堂里主持家事，小孩也会被送去私塾上学，要是没有事情做也可以出门玩耍，比如说蹴鞠、捶丸、看相扑等。

　　要是不用早起上班，宋朝人就会在家里认真地过自己的日子。宋朝的文艺男女痴迷于"烧香点茶，挂画插花"这些雅致的事情。在香炉中装入精制的炭灰，拿专用的香箸拨开一个小孔，再放上银箔隔热，最后放入小香丸，香气散开，宋朝男女精致的一天才算是开始。

◆ 宋·徽宗赵佶《听琴图》中的抚琴焚香

比如说李清照，她对焚香就十分热爱："薄雾浓云愁永昼，瑞脑销金兽。"从雾气霭霭的清晨到云层浓厚的傍晚，这漫长的一天，她都会焚香。像她这样的大家闺秀，早晨大多喜欢点香。

还有些闺阁女子会在闺房刺绣。宋朝的刺绣非常发达，明朝董其昌《筠清轩秘录》描绘宋朝刺绣："宋人之绣，针线细密，用绒止一二丝，用针如发细者，为之设色精妙光彩射目。"

宋朝的闺阁女子也是可以上学的。宋朝的教育较为平等，那些士大夫也很少发表反对女子接受教育的言论，女子要是有才华，会更受人尊重。宋朝的女子会学习《孝经》《论语》《诗经》《礼记》等。

▶ **小知识**

> 好是一时艳，本无千岁期。
> 所以谑相赠，载之在声诗。

这首诗是宋朝女诗人谢希孟所作的《咏芍药》。谢希孟和她的哥哥都是由母亲启蒙教育，两个人对诗词歌赋都非常在行。

宋朝人十分重视家庭教育，也十分支持女子学习，女子要是有才华，家人还会更自豪。谢希孟的哥哥就曾把妹妹的诗词手稿拿给欧阳修点评，欧阳修对她大加赞赏，说她有春秋时卫国女诗人庄姜的风范。

宋朝人精致的一天（下）

上午的事情结束后，就是宋朝人午饭的时间了。

在宋朝之前，普通的老百姓都是一日两餐，只有皇亲国戚才能够一日三餐。宋朝的商品经济比较发达，一日三餐逐渐普及。不过宋朝的早餐持续时间比较长，到了中午，肚子也不会很饿，所以宋朝人一般只会吃一些下午茶。

《武林旧事》中就记载过清河郡王宴请宋高宗的下午茶："荔枝甘露饼、荔枝蓼花、荔枝好郎君、珑缠桃条、酥胡桃、缠枣圈、缠梨肉、香莲事件、香药葡萄、缠松子、糖霜玉蜂儿、白缠桃条。"这些都只是下午茶的冰山一角，之后呈上来的蜜饯与果干还有不少。

宋朝人的下午茶中最受欢迎的就是蜜饯了，宋朝人嗜甜，蜜饯很符合他们的口味。

下午茶时间，一些平民百姓就吃点简单的东西垫垫肚子，达官贵人和皇室就比较讲究了。宋朝宫廷的"四司六局"中有一局就是"蜜煎局"，专门负责制作蜜饯干果，一些王公大臣在家里也会设置蜜煎局。蜜煎局也会接民间订单，民间的婚丧嫁娶等场合都需要蜜饯。

宋朝人喜欢蜜饯橄榄、蜜饯栗子、蜜饯藕等，《西湖老人繁胜录》中就写了一些适合做成蜜饯的果子："蜜金橘、蜜木瓜、蜜林檎、蜜金桃、蜜李子、蜜木弹、蜜橄榄、昌园梅、十香梅、蜜枨、蜜杏、珑缠茶果。"蜜饯很适合中午解解馋，皇室的蜜饯上面还雕刻着一些飞禽走兽、神话传说的图案。

宋朝的杨万里在《闲居初夏午睡起》中写道："梅子留酸软齿牙，芭蕉分绿与窗纱。日长睡起无情思，闲看儿童捉柳花。"与下午茶不可分割的就是午睡。吃点青梅之后长长地睡一觉，醒来之后看看孩子们捉柳花，这生活别提有多滋润了。

清人李渔曾说："倦极而眠，犹饥之得食，渴之得饮，养生之计，未有善于此者。"爱养生的宋朝人是不会错过午睡这个修身养性的机会的。

王安石、陆游等都喜欢午睡。陆游写过一首《客去》："相对蒲团睡味长，主人与客两相忘。须臾客去主人觉，一半西窗无夕阳。"陆游与客人坐在蒲团上，两个人聊着都困了，于是决定各睡各觉，而陆游醒过来的时候已经是夕阳西下了，客人也已离去。

想睡好午觉，一个好的枕头必不可少。

宋朝瓷枕制作精良，有龙枕、虎枕、孩儿枕、仕女枕等，有些上面还刻着龙凤、鹿鸡、岁寒三友等精细的图案，除此之外，瓷枕上面还会刻警世名言，比如"少壮不努力，老大徒伤悲"。

除了枕头，宋朝人对床帐的要求也很高，床帐要有诗意、有文化。纸帐在宋朝非常盛行，苏轼就赞美纸帐"洁似僧巾白毡布，暖于蛮帐紫茸毡"。有些宋人还会在上面直接作画，梅花纸帐一度非常流行。

还有人午睡时喜欢对着床边的屏风自省，张栻在《枕屏铭》中写道："勿欺暗，毋思邪。席上枕前且自省，莫言屏曲为君遮。"他在睡觉之前会坐在床上看枕头和屏风上的警世良言，方便自省修身。

午睡之后，宋朝人就开始下午的活动了，也有一些人会直接睡到傍晚，直接忽略下午。

宋人在下午通常会休闲娱乐，比如说钓鱼。在宋朝有专门钓鱼的地方，不过是要收费的。

除了在鱼塘边钓鱼，宋朝人还可以选择在钓船上用钓车钓鱼。杨万里在《过宝应县新开湖十首》中就写过用钓车垂钓的情景："两只钓船相对行，钓车自转不须萦。车停不转船停处，特地萦车手不停。"在午睡之后的空闲时间，约两三个好友去风景秀丽处垂钓也是人生乐事之一。

而宋朝女子更喜欢荡秋千。身着锦绣襦裙的女子，头戴花冠，衣带飞扬，身姿曼妙，像误入人间的仙子。

要是不愿意出门，还可以在家看看报纸，如宋朝政府发布的官方邸报、民间的小报。还有一些时尚的宋朝人喜欢谈论"十二星宫"，他们常用此来看个人运势。另外还有"占五星"这种方法，南宋的《灵宝领教济度金书》就记载："欲课五星者，宜先识十二宫分名及所属。寅为人马宫，亥为双鱼，属木；子为宝瓶，丑为磨蝎，属土；卯为天蝎，戌为白羊，属火；辰为天秤，酉为金牛，属金；巳为双女，申为阴阳，属水；午为狮子，属日；未为巨蟹，属月。"其中就有我们现在耳熟能详的星座名。

苏东坡就喜欢研究星座，他在《东坡志林·退之平生多得谤誉》中写道："退之诗云'我生之辰，月宿南斗'。乃知退之磨蝎为身宫，而仆乃以磨蝎为命，平生多得谤誉，殆是同病也。"苏东坡认为他经常受人诋毁是因为他是摩羯座。

夕阳西下，宋朝人可以去小吃街溜达溜达，也可以去勾栏瓦舍看戏听曲，又或者是在静谧无人处幽会。

一般到了亥时，宋朝人就去睡觉了。

▶ **小知识**

三五成群俏小丫，鸿毛成撮脚尖花。

翻旋羽舞千般好，跳跃毫飞一样佳。

身似燕，脸如霞，稚童闲趣忘还家。

前抬后打空中绚，串串银铃漫远涯。

这首词名为《鹧鸪天·踢毽子》。在宋朝，踢毽子在闺阁女子间非常流行。

午睡起来后，踢踢毽子、荡荡秋千，着实是打发时间的好活动。

◆ 元·王振鹏《金明池龙舟图》中的宋代水秋千

宋朝人标准的社交礼仪

在宋朝，平民百姓见到皇帝基本上都不会下跪，而是站着迎接。大臣遇到了天子，一般是作揖，非必要时刻不会跪下。《皇宋通鉴长编纪事本末》中就记载了一次皇帝出巡时的场景："上观稼北郊，宴射于含芳园。都人望见乘舆，抃跃称万岁。"老百姓见到皇帝，第一反应不是惶惶然地跪下，而是欢呼雀跃起来。

宋朝男子见面时行礼一般都是叉手，把两只手放在胸前相交，这是一种非常常见的行礼方式。女子行礼则是万福，万福之礼是宋代女子的通用礼仪。要是遇见不知道身份的人但必须行礼的话，男子叉手或者作揖，女子万福是最保险的方式。

除了见面礼节，拜访他人、接待客人的礼节也很复杂。

首先，穿着要得体。朱熹曾说："士大夫常居，常服纱帽、皂衫、革带，无此则不敢出。"拜访他人或者参加宴会，从头到脚都要穿得规规矩矩。祖胸露乳，或者穿着邋遢，这些都是不礼貌的行为。

去拜访他人，除了要穿着得体，还要得到主人的同意。现代人会发个短信或者打一通电话，告知对方自己要登门拜访。宋人比较正式，陆游的《老学庵笔记·卷三》记载："士大夫交谒，祖宗时用门状。后结牒'右件如前，谨牒'，若今公文，后以为烦而去之。元丰后，又盛行手刺，前不具衔，止云：'某谨上，谒某官，某月日。'结衔姓名，刺或云状。亦或不结衔，止书郡名，然皆手书。"士大夫之间相互拜谒，刚开始是门状，后来改为手刺。其实说到底都是亲自写的名帖，也就是某某某将在某某时间来拜访你，如果你有个时间就给个回应，或者是打发下人来跑一趟，传个信。

要是长辈来拜访，主人把衣冠整理好后，赶紧去门外迎接；长辈走时，主人还得将长辈一直送到大门外面。要是晚辈来拜访，主人在大堂外等着便可。来拜访的人辈分越高，身份越尊贵，主人去迎的地方就越远。这与我们现在的风俗还是有共通之处的。

客人来了，大多都得留下来吃饭，宋朝人在餐桌上的礼仪也有不少。

首先，餐具要准备齐全。宋人洪迈的《夷坚志》描写了南宋招待客人所使用的餐具："手捧漆盘，盘中盛果馔，别用一银盂贮酒。"

银器在宋朝非常普遍，人们通常都会备好一整套的银制餐具来宴请客人。当然，若是家中富贵，能够置办得起金器自然最好。

但重要的不是金器或银器，而是餐具要成套，也就是说不能来个铜酒杯，然后来个银勺子、瓷酒壶，这样既不美观，也会让客人感觉不受尊重。

要是家里实在是没有一整套的餐具，那么有两种方法：一种就是邀请客人去酒馆里吃饭，酒馆里的餐具非常齐全，而且服务周到，也不算怠慢客人；还有一种方法，就是请四司六局里面的"台盘司"上门，台盘司负责在酒宴上提供餐具，还有上菜等服务。

当然，国宴的要求更高，宋朝皇室就有过"凡酒一献，从以四肴"这种最高规格的宴席，大家每喝一杯酒之后，就会端上来四道新菜。

国宴有不同的规格，总的来说，喝一杯酒后上的菜越多规格越高，宴请的嘉宾的身份也就越尊贵。

宴会座次也有一定的要求，沈括就说过："古人尚右，主人居左。坐客在右者，尊宾也。今人或以主人之位让客，此甚无义。"右边是尊贵的位置，一般来说，要让客人坐在右边，主人坐到左边，以示对客人的尊重。

除此之外，在宴席上还不能"妄谈事及呼人姓名，恐对人子弟道其父兄名及所短者，或席上有其亲知，必贻祸"，也就是不能乱谈别人家的家事，以免给自己带来灾祸。

劝酒也是宋朝的宴会礼仪。黄庭坚在《西江月·断送一生惟有》的引言中写道："老夫既戒酒不饮，遇宴集，独醒其旁。坐客欲得小词，援笔为赋。"他在被贬官后参加酒局，不喝酒就会遭到身边围绕着的美女嘲笑。

宋朝人劝酒非常疯狂。就拿梅尧臣来说，他在《汝州王待制以长篇劝予复饮酒因谢之》中写道："前因饮酒多，乃苦伤营卫。呕血逾数升，几不成病肺。"梅尧臣在妻子儿子相继离去之后，非常依赖酒，每天都要喝上不少，还喝酒喝到吐血，所以决定戒酒。但是他的朋友汝州王待制依旧劝他喝酒。汝州王待制觉得：喝酒可以调养身体；梅尧臣年纪已经不小了，人生得意须尽欢；喝酒之后胡言乱语别人也会觉得情有可原，不会责怪你，人家都会觉得是在发酒疯，没有人会在意你说了什么，这难道不是非常美妙的事情？

不得不说，汝州王待制真的是劝酒界的一朵奇葩，最关键的是梅尧臣还觉得非常惭愧，觉得朋友说得真的有道理，自己戒酒是不对的，以后多多少少还是要喝一点儿。

▶ **小知识**

我梦入小学，自谓总角时。

不记有白发，犹诵论语辞。

选自苏东坡所作的《和陶饮酒二十首·其十二》，诗人梦见自己回到了小时候，那时他还在诵读《论语》。

宋朝小孩大约在八岁时读小学，也就是蒙学教育，有宫廷内的宗学、国子监小学，还有地方州县小学，大部分学习《三字经》《童蒙训》《小学诗礼》等。

◆宋·刘松年《秋窗读书图》中的书生和书童

宋朝学子如何走上仕途

在宋朝，要想当官，大部分人都要走科举这条道路。当时，学校也分"官学"与"私学"，也就是公立学校与私立学校。

官学，顾名思义，是朝廷办的学校，有太学、武学、医学，甚至还有画学。

宋朝的绘画是中国绘画艺术史上的巅峰，不仅技巧奇异，审美素养也非常深厚。宋朝有画官这一职位，也有等级区分，待遇与其他官员不相上下，但是画风全凭皇帝一人的喜好来决定。

如果没有艺术细胞的话，你就只能按部就班地在学校里面学习四书五经等。宋代的官学有宋朝中央政府举办的太学，也有地方政府举办的州学、县学等。北宋庆历以后，太学逐渐成为最高规格的学校。

在地方官学中，州学是州府最厉害的学校，而县学是县里面最优秀的学校。只有在县学里面表现优异的人才能升入州学，然后一步一步往前进。

不过有的时候，官学还竞争不过私学。宋朝有一大批优秀的私学，比如白鹿洞书院、岳麓书院、应天府书院、嵩阳书院、石鼓书院、茅山书院等。

宋朝的学校教学非常严苛，要是学生犯了错，有体罚还有罚款，甚至还会记入档案伴随学生一生。

那么，如何才能到书院里面读书呢？一般要进行一场入学资格考试，考生需要"引疑义一篇，文理通明者，请入书院"，要是没办法写出一篇优秀的文章，想入学则难如登天。一般人家都会在入学之前将孩童送入私塾启蒙，或者是在家里面请优秀的老师来教导。

要是写出的文章得到了考官的赏识，那么就可以着手准备入学了。对于家里一贫如洗的学生，学校可能减免其学费，还会在逢年过节送生活用品，甚至给他勤工俭学的岗位。

宋朝的书院学习氛围非常浓厚，这里不仅有名师大家的演讲，还有各种丰富多彩的小组活动。到了南宋时期，书院教授的是理学等各种思想。

除了学习，考试也不可少，南宋时明道书院规定"上旬经疑，中旬史疑，下旬举业"，也就是先学习，学习之后就会通过考试来检查知识的掌握程度。要是考得好的话，还有奖学金等一系列的奖励，这一点和现代没有太大的区别。

宋朝的科举考试是以发解试—省试—殿试这个顺序来进行的。发解试针对的地区和社会阶层最广，报名没有太严格的限制，但难度还是挺大的。《宋会要辑稿》当中就有记载："切见近日发解进士，多取别书、小说、古人文集，或移合经注以为题目，竞务新奥。"甚至还在小说里面找试题。

不过还有一点不公平的是，如果家里面是簪缨世族，又或者父亲祖父是高官显贵，那他们和普通百姓考的就不一样，他们考的是"别头试"。《宋会要辑稿》记载："别头试，每路百人解十五人，五人以上解一人，不及五人送邻路试。"这录取比例远远大于平民百姓的发解试。

通过发解试的考生叫作"举子"或者"贡生"，要在次年春天参加省试。考试前要先到礼部报到，将自己的籍贯、年龄等一系列的基本情况交代完毕，这样才能够获得考试资格。考试的时候非常严苛，禁止作弊，除了书案，不能将茶具、蜡烛、书籍带进考场。

如果考生和考官很熟，考官认识他的字从而故意给高分怎么办？朝廷设置了誊录院，让人重新抄录考生的试卷，抄后盖印，然后再给阅卷的考官，阅卷的人不参与誊抄试卷，这样的话，问题就迎刃而解了。

考生在省试通过之后，才能参加殿试。

北宋时殿试第一名称榜首，第二、第三名称榜眼，一、二、三名都可称状元。南宋以后，第一名称状元，第二名称榜眼，第三名改称探花。《宋史·选举志》中记载："熙宁三年，亲试进士，始专以策，定著限以千字。"到了殿试，皇帝就是地位最高的监考官。

宋朝初年，科举延用唐朝科举内容，在以诗赋取士的同时考察策论。不过策论占比不大，还是以诗赋为主。到了王安石变法之后，策论才起到了一锤定音的作用，可以让考生自由发挥，不再死记硬背。

考生中了进士之后，朝廷就会干净利落地直接授官，非常迅速。

插一句题外话，宋朝的殿试状元自然是人中龙凤，但是比人中龙凤还要凤毛麟角的要数连中三元。北宋的冯京就是一个可以被当成"考神"来膜拜的人，他在发解试、省试、殿试上都获得了第一名，实在是让人羡慕。

之前说过，宋朝人最爱"榜下捉婿"，冯京除了连中三元，他娶的第二任、第三任夫人都是宋代宰相富弼的女儿，因此还留下了"两娶宰相女，三魁天下元"的千古佳话。

宋朝人在通过一关又一关的考试之后，才有资格在宦海沉浮。

▶ 小知识

> 袁褚才名自古稀，可嗟高节晚相违。
> 迟行便足为丞相，枉受黄罗乳母衣。

这首诗是宋代诗人宋庠所作的《咏史》，宋庠是宋朝连中三元的才子。在宋朝，状元会得到皇帝赏赐的红袍，他们还会头戴宫花去参加琼林宴，路上围观者众多，考中状元真真正正成了家族荣耀。

宋朝官员的待遇如何

大宋官员的待遇究竟怎么样呢？

首先，你要是当上了大官，你的子孙可以不通过科举就搞个官做做。这被称为荫补。不过荫补有明确的规定，不是所有的官员都可以荫补的，想要荫补，官位自然是越高越好。

在宋朝，文官与武官的待遇不同。"文臣自太师至开府仪同三司，可荫子、孙、期亲、大功以下及异姓亲，而且可以荫及门客。武臣自枢密使至观察使、通侍大夫，可荫子、孙、期亲、大功以下及异姓亲"。官职从太师到开府仪同三司的文臣除了可以荫补子孙亲戚，还能够让自己的门客也受到恩惠，但武官就不可以。

朝廷的官职有限，大部分人考了一辈子，省试都过不了，可想而知能够为子孙后代谋福利的官职多么有吸引力了。

除了前面提到的通过发解试—省试—殿试这条路考取进士当官，还有其他的方式，比如说三舍法："太学置斋舍八十斋，斋容三十人。外舍生二千，内舍生三百，上舍生百，总为二千四百。生员入学本贯，若所在州给文据，试而后入。月一私试，岁一公试，补内舍生。间岁又一试，补上舍生。封弥、誊录如贡举法，而上舍则学官不与考校。诸斋月书学生行艺，以帅教不戾规矩为'行'，治经程文合格为'艺'。斋长、谕、学录、学正、直讲、主判官以次考察籍记。"

进入太学的学生分为外舍生两千人，内舍生三百人，上舍生一百人，过了太学的入学考试之后就可以成为外舍生，然后就是无休止的考试与学习了，只有达到考核标准才能从外舍生变为内舍生。然后就是隔年一次的"上舍考试"，只有内舍生可以参加，要是通过了就可以成为上舍生，然后根据考试成绩将上舍生分为上中下三个等级。上等生就可以直接报告朝廷获得官职了；中等生可以跳过前面的考试，直接进入殿试；下等生也有奖励，甚至还能留校当官。

这种当官的方式，比起荫补来，还是要费上一番心思与努力的。荫补只需要有一个好出身，然后在大型祭祀、皇帝过生日或官员快要退休的时候向朝廷申请，成功的概率非常高。

荫补的申请次数不止一次。宋仁宗的时候，只要是从七品以上的官员就可以补子孙一人为官。哪怕是没有儿子孙子，也可以让自己的亲戚来代替。甚至在官员临死之前，还能最后申请一次，宋朝还有最后强撑着一口气等待荫补敕令的例子。宋朝还出现过荫补的官员太多，而挤占了未来十年官场空位的情况。

宋朝官员的工资是历代最高的，大约是汉朝的十倍，宋朝政府还发放茶叶、盐、煤炭、衣服等。要是京官，基本上养活自己和全家是没有问题的。如果官员到外地赴任，朝廷还会给公用钱，要是还没到目的地就花光了，还可以再要一些。

宋朝工资这么高的原因是，皇帝认为工资高了官员就会廉洁，工资太低的话，一些官员定会想尽一切办法来搞外快，对社稷发展不利。宋太宗就主张："廪禄之制，宜从优异，庶几丰泰，责之廉隅。"宋朝后来的皇帝也赞成这种做法。

中央政府的工资很高，但是地方官员的待遇就不一定这么好了。

王安石就曾经写过："其下州县之吏，一月所得，多者钱八九千，少者四五千。以守选、待除、守阙通之，盖六七年而后得三年之禄，计一月所得，乃实不能四五千，少者乃实不能及三四千而已。虽厮养之给，亦窘于此矣。"地方财政紧张，地方官的生活也就过得紧巴巴的。但是即使如此，地方官比一些个体户还是强上太多了，最起码旱涝保收。

在宋朝，官员一年大约有三分之一的时间都在休假。

他们每个月会有"旬休"，也就是上旬、中旬、下旬都会有一天的假期。这看起来并不多，但是宋朝官员下午是可以不上班的，除非有急事或者正好轮到自己值班。

除此之外，《宋会要辑稿》中记载：遇春节、寒食、冬至会放七天假；夏至、腊八、元宵、中元节、下元节，以及皇帝生日，会放三天假；春分、春社、秋社等节气日子，还有朝廷发放工作服的那一天，会放一天假。

还有些皇帝体恤下属，遇到炎热的天气就允许官员不用来上班了。同时室外工作的人，要是温度过高，工作时间就必须缩短，不然就会受到处罚。当然，要是家里有急事也可以请假，送别朋友也可以休息一天。家里的亲朋好友结婚或者是丧事就更不必说了，自己结婚可以请九天假，就连堂兄姐妹结婚也可以请三天假。

不过由于宋朝假期过多，一些官员上班时老是找不回状态，办事效率也大大降低，甚至为了偷懒，还会想尽办法找理由请假。有些官员游山玩水、作诗赋词，有的时候甚至乐不思蜀，忘了自己还要工作。

▶ 小知识

幸有湖边旧草堂，敢烦地主筑林塘。

漉残醅瓮葛巾湿，插遍野梅纱帽香。

风紧春寒那可敌，身闲昼漏不胜长。

浩歌陌上君无怪，世谱推原自楚狂。

这首诗是陆游所作的《草堂》，诗人在诗注脚里还加了一句："辛幼安每欲为筑舍，予辞之，遂止。"辛弃疾要资助陆游修房子，但是被他拒绝了。

　　辛弃疾之所以会这么大方，主要还是工资太高，他在职时的工资相当于现代几十万的月工资。即使退休了，退休金也足够他衣食无忧，还能够帮别人修房子。除此之外，他还赞助想隐居的朋友，资助其买地皮。

商人崛起的宋朝

在宋朝，有一种职业的社会地位比前朝有明显的提高，即商人。

在宋朝以前，社会风气一直是重农轻商，但是在宋朝，情况就不一样了。邓绾就认为"行商坐贾，通货殖财，四民之一"，其他士大夫也对抑制商业的做法很不满。由于宋朝的商品经济非常发达，商人的地位逐渐提升。

对于宋朝商人来说，人生的三大追求是：赚钱，自己的儿子能够进士及第，女儿联姻达官贵人。

赚钱，自然是排在第一位的。宋朝的商人靠卖酒、卖肉等实现财富自由的不少，甚至有一些比官员还有钱。诗人梅尧臣在《村豪》一诗中就写道："日击收田鼓，时称大有年。滥倾新酿酒，包载下江船。

女髻银钗满，童袍氄毹鲜。里胥休借问，不信有官权。"宋朝乡村土豪家里的小孩都穿金戴银，土豪会把不想喝的酒直接倒掉。土豪甚至不相信官权，地方官都奈何他们不得。

那宋朝商人是怎么赚钱的呢？《东京梦华录》里记载的街巷商铺数不胜数，吃喝玩乐应有尽有，还有通宵达旦的夜市。在这种情况下，开店还是很能赚钱的，再不济也可以摆地摊，总归有赚钱的门路。

南宋人洪迈的《夷坚志》中就记载了一个经商发家致富的人："吴十郎者，新安人，淳熙初，避荒，挈家渡江，居于舒州宿松县，初以织草履自给，渐至卖油，才数岁，资业顿起，殆且巨万。"一个普通的小商人靠着卖草鞋和油就能身家巨万，实在是让人诧异。

像他这样情况的人还有不少，因为宋朝政府不打击工商业，不仅在管理上人性化，经商赋税也很低，还规定不能在距离城市五里外的地方向商人收税，否则就会被杖责。这些举措简直是商人的福音。

宋朝商品的利润也很高，一般是"逐什一之利"，也就是卖十块钱的东西，可以赚到一块钱的利润，还有一些日用品的利润甚至达到了商品价格的一半。

在赚到足够的钱后，宋朝的商人并不满足，他们对官职也产生了兴趣，于是开始花钱买官。在宋朝初年，要是遇到天灾人祸，那些商家若能捐出足够的钱，朝廷就会授予他们助教、文学还有太祝这些官衔。到了宋徽宗的时候，卖官现象非常猖獗，很多富家子弟都会选择买官。

也有一些商人会选择赚点钱然后自己去参加科举。

不要认为宋朝的士大夫都"两耳不闻窗外事，一心只读圣贤书"，有的士大夫也是会做生意的。北宋文学家穆修年轻时就在相国寺摆书摊。宋代的理学家程颐就搞长途贸易。还有一些进士贩盐，以至有人上奏："江淮间，虽衣冠士人，狃于厚利，或以贩盐为事。"很多士大夫都加入了商人的大军之中，而商人也在努力让自己的子孙成为进士，然后做官。

不仅文官如此，武将也是如此。宋朝将军刘光世就率领他的部队做生意，史书是这样记载的："伐山为薪炭，聚木为牌筏，行商坐贾，开酒坊，解质库，名为赡军回易，而实役人以自利。"将军以补贴军费之名做各种生意，其实是为了私利。

宋朝商人对做官这么执着，另一方面的原因就是做官可以让行商赚的钱更多。宋朝官府对茶、盐、矾、酒这些东西都是垄断的，要是你想卖盐，就要先去政府交一笔保证金，才能够获得盐引，这样才能采购到盐。但并非所有的人都有这个资格，光有钱不行，还必须和官员搞好关系。有些商人为了更好地赚钱，就让自己的子孙去考科举，这样才能打通人脉关系。

富商不仅会让自己的子孙去参加科举考试，还会让自己的子孙去联姻。最常见的就是"榜下捉婿"，这已经是商人的老传统了。还有些富贵人家会把自己的女儿送入宫廷中当妃子。宋朝的酒店巨头孙赐就把自己的女儿嫁给宋太宗做了妃子，宋徽宗的郑皇后和宋高宗的吴皇后也都是商贾家的女子。

除此之外，宋哲宗时土豪田家娶了十多个宗室女子，还号称"五千贯买一个"。然后这个纪录被张家打破了，据《萍洲可谈》记载，京城富商大桶张氏子弟先后娶了三十多个宗室女子。

由此可见，宋朝，正是商人崛起的时代。

▶ 小知识

> 山园茶盛四五月，江南窃贩如豺狼。
>
> 顽凶少壮冒岭险，夜行作队如刀枪。
>
> 浮浪书生亦贪利，史笥经箱为盗囊。
>
> 津头吏卒虽捕获，官司直惜儒衣裳。
>
> 却来城中谈孔孟，言语便欲非尧汤。
>
> 三日夏雨刺昏垫，五日炎热讥旱伤。
>
> 百端得钱事酒卮，屋里饿妇无糇粮。
>
> 一身沟壑乃自取，将相贤科何尔当。

这首诗是梅尧臣所作的《闻进士贩茶》。在四五月的茶园，走私茶叶的茶贩如豺狼般贪婪，在夜里成群结队，翻山越岭，甚至还带着刀枪。其中还有贪图利益的书生，他们甚至用书箱子来走私茶叶。作者非常鄙视这些人，认为他们不干正事，利欲熏心走私茶叶。